Bronzeschmuck und Eisenwaffen

Zum Autor

Elmar Perkmann. Ich bin pensionierter Mittelschullehrer und wohne in Völs am Schlern, Südtirol.

Weitere Informationen findest du unter folgender Adresse:
https://www.elmar-perkmann.eu

Elmar Perkmann

Bronzeschmuck und Eisenwaffen

Völser Peterbühl-Geschichten
aus der Bronze- und Eisenzeit
vor 2.500 Jahren

Peterbühl in Völs am Schlern

Impressum

©Elmar Perkmann 2022 - AE-C III
ISBN:9783755748441
elmar.perkmann@gmail.com
https://www.elmar.perkmann.eu
Herstellung und Verlag: BoD - Books on
Demand - Norderstedt

Inhalt

Willkommen in diesem Geschichte-Labor!

Womöglich weißt du bereits, dass vor zweieinhalb Jahrtausenden auf dem Peterbühl das geheimnisumwitterte Volk der Räter sein Zuhause hatte. Vielleicht bist du als Völserin, als Völser sogar ein direkter Nachfahre dieser rätischen Ureinwohner! Das kann durchaus sein.

In den 1950er und 1990er Jahren fanden hier Ausgrabungen statt, die eine Reihe von Wohnhäusern ans Licht brachten. Sechs davon sind freigelegt worden. Du kannst am südlichen Hang ihre Kellergruben sehen, die inzwischen allerdings stark verwachsen sind. Weiter lassen sich eine innere und eine äußere Wehrmauer nachzeichnen, die den inneren Sied-lungskern umschlossen. Sie sind etwa eintausend Jahre jünger und stammen aus dem frühen Mittelalter. Es gäbe auf dem Peterbühl noch eine Menge zu entdecken. Vielleicht erlebst du das aber ja noch - weitere Ausgrabungen sind geplant!

Durch die vielen teils überraschenden Funde hat man einiges über das Leben der alten Völser Räter erfahren. Vieles muss man sich aber buchstäblich zusammenreimen, da auf dem Peterbühl nichts Schriftliches gefunden worden ist, auch wenn die Räter prinzipiell durchaus schreiben konnten. Ein Alphabet hatten sie jedenfalls - siehe Seite 187.

Ich habe in den Erzählungen, die in diesem Buch gesammelt sind, versucht, das Leben der alten Räter und Räterinnen nachzuzeichnen. Am Ende des Buches findest du einige nütz-liche Angaben dazu. Die Illustrationen zeigen u.a. Abbildungen der Funde aus den erforschten Häusern.

Als Völser Nachgeborener freue ich mich, dich in unserer rätischen Vergangenheit begrüßen zu dürfen!

Elmar Perkmann

Das Scheibchen-Rätsel oder:
Sprung in der Zeit

Anton M. ist in Völs zur Grundschule gegangen. In der fünften Klasse haben sich Dinge ereignet, die er sein Lebtag nicht vergessen wird: Er hat zusammen mit einem Schulkameraden eine Reise in die Zeit der Räter unternommen, 2.500 Jahre zurück in die Vergangenheit! Und das ohne die übliche Zeitmaschine, ihr wisst schon. Ob das denn überhaupt geht? Ja. Er ist der lebende Beweis.

Anton M. ist nun längst den Kinderschuhen entwachsen. Er studiert in Graz an der Technischen Universität Maschinenbau. Er freundete sich mit einer Filmemacherin an, die in der Grazer Media Fabrik Drehbuch studiert. Irgendwann erzählte er ihr von seinen fantastischen Erlebnissen in der Schulzeit. Die Regisseurin ermunterte ihn, seine Erinnerungen niederzuschreiben. Einen interessanteren Stoff für ein Drehbuch könne sie sich gar nicht vorstellen. Anton's Geschichte sei zu fantastisch, um sie einfach links liegen zu lassen.

Anton zögerte zuerst, willigte dann aber doch ein, auch um damit seinem damaligen Freund Caio, den er seit vielen Jahren aus den Augen verloren hatte, sozusagen ein Denkmal der Erinnerung setzen.

Das hier ist Antons Bericht. In diesen Tagen der frühen 2022er Jahre ist die Filmemacherin Astrid F. nun dabei, in der Media Fabrik das Drehbuch zu verfassen.

≈

„Dann gehe ich's an. Mal schauen, was herauskommt...

Caio und seine Dohle

An seinem ersten Schultag in der Klasse erzählte die Lehrerin, dass Caio's Eltern sich bald nach der Geburt getrennt hatten. Den Jungen hätten sie zu den Urgroßeltern auf eine abgelegene Alm in den ladinischen Bergen gegeben und dort „geparkt". Die alten Leutchen lebten dort so gut wie ohne Kontakt zur Außenwelt abgeschieden in einer Almhütte. Sie waren schon in den Achtzigern, konnten sich aber in dieser Abgeschiedenheit auf 1.700 m selbst erhalten. Unglaublich.

Die Öffentlichkeit wurde auf diese Situation erst aufmerksam, als Caio's Urgroßmutter verstarb. Der Urgroßvater sah sich nicht in der Lage, den Jungen alleine zu versorgen und meldete sich bei der Gemeinde. Der verwahrloste Junge wurde daraufhin nach Völs geholt und bekam einen Pflegeplatz bei einer netten Völser Familie. Seine Mutter lebte, wie die Carabinieri in Erfahrung gebracht hatten, irgendwo in Übersee, während vom Vater überhaupt jede Spur fehlte. Eine Bergdohle, die in der Abgeschiedenheit anscheinend das einzige Lebewesen war, mit dem er sich unterhalten konnte, folgte ihm hinunter ins Tal. Die Pflegefamilie war bereit, Caio's Begleiterin quasi als neues Haustier zu akzeptieren.

Caio kam während des laufenden Schuljahres in die zweite Grundschulklasse, obwohl er nach einer Einschätzung des Amtsarztes gut zehn Jahre alt sein musste. Es fehlten ihm jedoch so gut wie alle schulischen Grundvoraussetzungen.

Caio? Nun, er war ein verträumtes, sensibles Kind, schwarzhaarig, mit dunklen Augen und olivbrauner Haut. Ich kann mich daran erinnern, dass er sich beim Gehen ständig umdrehte, als ob er sich verfolgt fühlte.

Kontakt hatte er eigentlich einzig und allein zu seiner Dohle. Da die Dohle schon wegen der Hygiene natürlich nicht mit in die Klasse durfte, saß sie während des Unterrichts auf einem der Fensterbänke und ließ das Geschehen in der Klasse nicht aus dem Auge.

Caio sprach kaum Deutsch. Seine Urgroßeltern hatten ausschließlich Ladinisch mit ihm gesprochen. Während die Lehrerin sich bemühte, dass wir ihn als Mitschüler akzeptieren, schaute dieser, in der ersten Bank sitzend und den Kopf auf die Unterarme gestützt, mit großen schwarzen Augen dahin und dorthin und schien vor allem an der ihm unbekannten Umgebung und den ihm fremden Gegenständen interessiert zu sein. Uns Mitschüler und Mitschülerinnen beachtete er nicht, als seien wir nicht vorhanden. Vom Vortrag der Lehrerin verstand er, wie man ihm ansah, kein Wort, und so viele Menschen auf einem Haufen hatte er offensichtlich noch nie gesehen."

Es gibt ein Problem. Besser gesagt, Astrid hat eins. Sie bat mich, die Geschichte nicht als Ich-Erzählung zu schreiben. Sie bräuchte sie als möglichst sachlichen Bericht. Ich schreibe deshalb so weiter, als würde ichdas Ganze sozusagen von außen betrachten.

Die neuen Mitschüler begegneten Caio eher distanziert, auch weil er selbst so gut wie keine Anstalten machte, mit ihnen warm zu werden oder gar Freunde zu finden. Nachbarskindern fiel auf, dass Caio sehr gut mit Tieren konnte. Gleichgültig welche Kreatur es war, Hunde und Katzen, Kühe, Schafe, sogar Hühner liefen ihm zu und schienen sich bei ihm wohl zu fühlen, so als sei er einer der Ihren. Eine besonders enge Beziehung unterhielt er allerdings zu seiner Dohle, die wohl für längere Zeit das einzige Lebewesen war, zu dem Caio oben auf den ladinischen Bergen so etwas wie eine Beziehung hatte.

Die Lehrerinnen, vor allem die Integrationslehrerin, die sich sehr um den Jungen kümmerte, stellten fest, dass Caio trotz seiner schulischen Defizite ausgesprochen leicht lernte. Alles Neue saugte er begierig auf. Er war schon nach wenigen Monaten imstande, sich in Deutsch zu unterhalten. Damit brach auch der Damm zu den Mitschülern, und die Buben fingen langsam an, ihn als neuen Mitschüler zu akzeptieren.

Seine besonderen Fähigkeiten machten den einen und Anderen neugierig, wenn sie manchen auch verunsicherten. So war er imstande, gewisse Dinge vorauszuahnen, die er eigentlich gar nicht wissen konnte. Richtig seltsam war das. Manch einer glaubte auch, dass Caio trickst. Die Deutschlehrerin sprach einmal Caio's besondere Gabe an. „Das klingt für euch vielleicht kompliziert", meinte die Lehrerin. „Aber es ist so, dass es nicht nur das gibt, was wir sehen und anfassen können, Kinder. Stellt euch einmal, sagen wir, eine Fledermaus, eine Biene oder meinetwegen einen Delphin vor. Diese Tiere sehen Dinge, die wir überhaupt nicht wahrnehmen können, stimmt's? Für die schaut die Welt total anders aus als für uns. Und so ist es auch bei manchen Menschen, dass sie in eine andere Welt hineinsehen können. Caio, du bist wohl einer davon." Caio beobachtete aber gerade seine Dohle auf dem Fensterbrett. Im Übrigen verwies sie auf die Religionslehrerin, die diese Dinge besser erklären könne.

Rita, die Religionslehrerin, griff das Thema auf. Ihrer Erfahrung nach haben Kinder in ihrem Alter häufig lebhafte Träume, sagte sie, die sich oft anfühlten wie Wirklichkeit. Oft gäbe es auch Ahnungen, die sich dann in der Wirklichkeit bewahrheiten. Das sei nichts Außergewöhnliches, verliere sich aber im Lauf der Pubertät. Erwachsenen passiere das so gut wie nie. Sie forderte die

Kinder auf, sich einmal daraufhin zu beobachten. Einzelne Schülerinnen konnten das gleich bestätigen. Die Lehrerin meinte, dass Caio wohl wegen seines Lebens in der Einsamkeit diese Fähigkeit besonders entwickelt habe. Die coolen Jungs hörten sich alles an, ohne im geringsten zu stören. Der eine und andere nickte ab und zu. Also waren auch sie nicht weit weg davon. Einer der Jungen fragte, ob Caio's Dohle dabei eine Rolle spiele. Er habe einmal einen Film gesehen, wo ein schwarzer Vogel einem Zauberer die Zukunft zugeflüstert hat. Möglich, meinte die Lehrerin. Tiere seien ja sozusagen Grenzgänger. Sie bewegen sich zwischen den Welten. So habe der germanische Gott Thor mit Hilfe seiner beiden Raben Hugin und Munin eine Brücke zwischen der Welt der Götter und der Welt der Menschen geschaffen. Hexen bedienen sich in den Märchen einer schwarzen Katze. Caio beteiligte sich an diesem Gespräch nicht. Er schaute vielmehr der Dohle zu, die unbeweglich auf dem Fensterbrett hockte und nur ab und zu den Kopf schief stellte, so als würde sie das Gespräch in der Klasse interessieren.

Eines Tages kam die Deutschlehrerin beim Stundenwechsel nicht. Caio hatte wie üblich die ganze Zeit seine Dohle im Auge, die vor dem Fenster hockte und ab und zu, warum auch immer, einen schrillen Pfiff ausstieß. Plötzlich holte er seelenruhig sein Jausenbrot aus seiner Dose und begann es genüsslich zu verspeisen. Alle blickten zu ihm hin. Was dem nur wieder einfiel! Als sein Banknachbar ihn anstieß und ihn daran erinnerte, dass die Pause erst nach der Deutschstunde sei, schaute Caio nur kurz auf und sagte, als sei es das Natürlichste von der Welt: „Die nicht kommt. Die Spital." Es stellte sich heraus, dass es tatsächlich so war. Die Lehrerin eines anderen Klassenzugs kam in die Klasse und teilte den

Kindern mit, dass es sich um einen Notfall handelte und die Lehrerin zu ihrer kranken Mutter ins Spital gerufen worden war, da sich ihr Zustand verschlechtert habe. Solche Dinge ereigneten sich immer wieder. Caio schien tatsächlich eine Art Sechsen Sinn zu haben.

Der Fund

Caio war wegen seiner erstaunlichen Fortschritte in allen Fächern bald nach Beginn des Schuljahres in die vierte Klasse versetzt worden. Er lebte sich dort sehr schnell ein und fand unter den Mitschülern sogar Freunde.

Ab und zu kam es vor, dass seine neue Klasse einen Ausflug auf den Peterbühl unternahm, einfach um einmal eine lockere Stunde zu haben. Die Lehrerinnen gaben den „Peatrpiel, Peatrpiel"-Rufen am Nachmittag oft nur zu gern nach. Bis zum Bühel waren es ja nur ein paar Schritte und dort konnten ein paar Spiele gemacht werden. Die Integrationslehrerin war richtig gut darin und hatte stets was Neues auf Lager.

Caio setzte sich einmal ab und ging seiner Wege. Die Dohle saß auf einem der Äste am Baum vor dem „Bombenloch" und behielt die Umgebung im Auge. Caio seinerseits wühlte da und dort in der Erde, zeichnete mit einem Stöckchen Buchstaben, die er im Unterricht kennengelernt hatte in den Sand und stellte mit einem langen Strohhalm den Feuerwanzen und Grillen nach.

Plötzlich stieß Caio, es war am südlichen Abhang, unerwartet auf einen Gegenstand. Er stutzte, schaute noch einmal genauer hin und kratzte dann in fieberhafter Eile ein Tonscheibchen in Größe und Form einer 2-Euro-Münze aus dem Boden. Er hielt es gegen das Licht und betrachtete seinen Fund von allen Seiten. Die Lehrerin hatte Caio's Aufregung bemerkt und war nähergekommen. Sie meinte, das könne durchaus eine uralte Tonscherbe aus der Zeit sein, als der Peterbühl noch bewohnt war. Demnach könnte sie ohne weiteres bei 2.500 Jahre alt sein! Ein paar Schüler wurden neugierig und hörten zu, wie sich die Lehrerin mit Caio unterhielt. Die Aufregung schien sogar die Dohle erfasst zu haben. Sie erhob sich und umkreiste die Fundstelle. Caio steckte seinen Fund schließlich in die Hosentasche. Zuhause legte er ihn aufs Nachtkästchen. Er hatte eine außerordentliche Freude mit diesem unscheinbaren braunen Scheibchen.

Einmal musste er in der Nacht aufs Klo. Da fiel ihm auf, dass das Scheibchen in einem grünen Schein fluoreszierend leuchtete. Nicht nur das! Es wechselte den Ort und folgte ihm wie ein leuchtender grüner Punkt überall hin. In dieser Nacht hatte der Junge einen seiner lebhaften Träume. Ihm träumte, dass sich auf dem Scheibchen das Gesicht eines Kindes abzeichnete, das sich bemühte, mit ihm zu sprechen. Von dem, was das Scheibchen-Gesicht flüsterte, konnte er aber kein Wort verstehen. Da nahm das Gesichtchen einen traurigen Ausdruck an und verblasste.
In den folgenden Nächten träumte Caio nichts Besonderes. Irgendwann an einen der nächsten Tage erschien ihm das Gesichtchen wieder im Traum. Mit demselben Ergebnis. Es wandte sich traurig ab und verblasste.

Als sich das Kindergesicht auf der Münze eines Nachts von Neuem zeigte, begann Caio mit einem Versuch. Und siehe da, das Kind stieg darauf ein! Nacht für Nacht entwickelten die Beiden eine neue Sprache, die eine Verbindung aus ihren beiden Sprachen war. Caio war total verblüfft, dass das Gesichtchen gewisse Begriffe nahezu gleich verwendete wie er im Ladinischen. Schon nach wenigen Begegnungen, die nun Nacht für Nacht erfolgten, konnten die Beiden einfache Gespräche führen. Caio verstand nun endlich, was das Kind ihm die ganze Zeit mitzuteilen versuchte:

Das Tonscheibchen, das Caio auf dem Peterbühl gefunden hatte, war in Wirklichkeit der Junge aus der Traumwelt in einer verwunschenen Gestalt! Dieses Tonscheibchen, sagte Kert, das war sein Name, sei eines von sechsundvierzig. Es seien die von einem Magier der Rungg-Gemeinschaft verwunschenen sechsundvierzig Bewohner der Peterbühl-Gemeinschaft.

Unglaublich! Er, Caio, war einem geheimnisvollen Zauber auf der Spur!

Die Rungg-Gemeinschaft

Caio wurde klar, dass es sich um eine längst vergangene Welt handelte, aus der ihm der Junge, der inzwischen sein nächtlicher Freund geworden war, berichtete. Die Rungg-Gemeinschaft war vor zweieinhalbtausend Jahren eine große Siedlung gewesen, dort, wo sich in Caio's Gegenwart das Rungger Egg bei Seis befindet. Die Siedlung in Völs, der er, Kert, mit fünfundvierzig weiteren Menschen angehörte, war die Peterbühl-Gemeinschaft. Der Junge in Caio's Traum berichtete davon, dass die Rungg-Gemeinschaft den Kupferwarenverkehr mit dem Ritten, den die Peterbühl-Gemeinschaft kontrollierte, unter ihre eigene Kontrolle bringen wollte. Kupfer, das war damals ein äußerst wichtiges Metall. Ohne Kupfer gab es auch keine Bronze. Da Verhandlungen zu nichts führten, hat die Rungg-Gemeinschaft zu diesem Mittel gegriffen. Sie hat die Peterbühl-Bewohner mit Hilfe ihres Magiers mit einem mächtigen Zauber belegt. In einer kriegerischen Ausein-andersetzung sind die Häuser am Peterbühl von

Rungg-Kriegern mit Brandpfeilen in Schutt und Asche gelegt worden.

Das Kind schien in Erinnerung an diese schlimmen Ereignisse sehr traurig geworden zu sein. Sein Gesicht auf dem Scheibchen verblasste nach und nach. Der grüne Schimmer erlosch.

Der Zauber

In der übernächsten Nacht tauchte Kert in Caio's Traum von Neuem auf. Das Kind teilte ihm Folgendes mit:

Nur ein Menschenwesen aus einer fernen Zukunft sei in der Lage, diesen mächtigen Zauber zu brechen. Die Zauberwirkung habe ein Ausdehnungsfeld von einhundert Generationen, umfasse also einen ungeheuer großen Zeitraum. Die Macht des Zauberers sei jedoch nicht unbeschränkt: Nach einhundert Generationen bestehe die Möglichkeit, den Zauber zu brechen. Das sei aber nur von genau der Stelle aus möglich, wo sich der Brennpunkt dieses Zaubers befand. Die einzige Möglichkeit, mit einem Menschen, der in einhundert Generationen auf den Peterbühl komme, in Kontakt zu treten, laufe über Träume. Die im Zauberschlaf liegende Peterbühl-Gemeinschaft habe sich schon längst mit ihrem Los abgefunden, sagte Kert traurig. Er und eine Freundin wollten jedoch nicht aufgeben. Sie suchten einen Weg, um ein Kind in der Zukunft zu finden, das über das Medium des Wachtraums erreichbar ist. Nein, sagte Kert auf Caio's Frage. Erwachsene seien auf diesem Weg nicht erreichbar, da sie die Fähigkeit des Traumkontaktes im Lauf des Erwachsen-Werdens verlieren. Das müssen Kinder heran, Kinder wie er, Caio! Es gebe aber auch unter Kindern nur ganz wenige, die über diese Fähigkeit verfügten. Die meisten Kinder der Zukunft seien, wie die Erwachsenen,

durch die Magie von modernen Handgeräten und Traum-
flächen abgelenkt und nicht mehr erreichbar. Caio verstand,
dass Kert in ihrer gemeinsamen Kunstsprache von Handys und Fernsehern sprach. Die Zauberkraft des Zauberers
von Rungg habe nun nach einhundert Generationen zwar
nachgelassen, sei aber noch nicht vollständig erloschen. So
bestünde eine gewisse Möglichkeit, die Peterbühl-Gemeinschaft zu erlösen. Mit seiner Mithilfe allerdings. Sonst gebe
es keine Chance!

Die Lösung des Zaubers

„Falls du mir und meiner Gemeinschaft helfen willst," sagte Kert, „musst du dort in Rungg beim Rungger Egg den alten Brandopferplatz aus meiner Zeit aufsuchen." Caio sagte:
„Aber logo! Ich mache das!" Er, Kert, müsse ihm aber dabei
helfen, das Urnengrab zu finden: „Darin befindet sich das
Zaubermedaillon des Magiers. Dieses Amulett muss, um den
Bann zu brechen, vernichtet werden. Es kann aber nur dadurch zerstört werden, dass man es dem Licht des Vollmondes aussetzt."
Kert schaute Caio gespannt an. Caio hat wie gebannt zugehört. Er hatte begriffen. Es würde an ihm liegen, die verwunschene Peterbühl-Gemeinschaft aus dem Zauberschlaf zu
wecken. „Ja!", sagte er noch einmal fest. Er würde Kert helfen!
Plötzlich zeigte sich im Traum ein zweites Gesicht! Es wurde
aber nicht deutlich und schien wie aus einem Nebel zu quellen, ein Mädchen mit struppigem Haar und leuchtend blauen
Augen. „Das ist Auri, meine Freundin", sagte Kert. Sein Gesicht lächelte sanft.
Da löste sich das Traumbild ohne Vorwarnung auf. Anna,
die Ziehmutter, war ins Zimmer gekommen, um Caio zum
Frühstück zu rufen. Damit hat sie den Traumkontakt beendet.

Anton, der Freund

Caio hat in seiner neuen Klasse Freunde gefunden. Er tat sich dabei aber wirklich nicht leicht. Er wurde wegen seiner fremdartig klingenden Sprache und der Dohle gehänselt, auch wenn die Lehrerinnen das zu verhindern versuchten. Zudem war er für die harten Jungs zu träumerisch und uncool, dieser fremdartige Junge mit den seltsamen Fähigkeiten. Er war schwer einzuschätzen und wollte wohl etwas Besonderes sein. Einige Mädchen schienen sich jedoch für ihn zu interessieren und beäugten ihn aus den Augenwinkeln. Ein Mtschüler mit einer Dohle. Das war schon etwas Besonderes.

Es war vor allem Anton, selbst einer, der Anschlussprobleme hatte und irgendwann mit Caio eine enge Freundschaft schloss. Was da war? Anton trug eine Zahnspange. Was bei Mädchen zumeist noch mit leichtem Anpöbeln abging, trug ihm bei den Jungs höhnische Kommentare ein. Keiner wollte sich mit Anton abgeben, zumal seine Zahnspange ihren Träger dazu veranlasste, gewisse Laute irgendwie komisch auszusprechen, und, noch schlimmer, ab und zu auch zu spucken (*natürlich ist mir das peinlich zuzugeben*).

Caio berichtete dem neu gewonnenen Freund irgendwann während der Pause von seinem bis dahin eisern gehüteten Geheimnis. Als Anton neugierig wurde, zeigte er ihm das Scheibchen, das er wie einen Schatz in einer Zündholzschachtel immerfort mit sich führte. Seinen Zieheltern hatte er noch nichts davon erzählt, obwohl sie freundlich waren und sich um Caio, das Waisenkind aus den Bergen, hingebungsvoll kümmerten. Anton fragte irgendwann seine Eltern, ob Caio bei ihnen übernachten dürfe. Das stellte kein Problem dar. Auch Caio's Zieheltern hatten nichts dagegen. Im Gegenteil. Sie waren froh, dass der schwierige Junge nun nach mehreren Wochen endlich Anschluss gefunden hatte.

Es war die Zeit des vollen Mondes gekommen. Die beiden Jungs saßen in Antons Zimmer, wo Anton seinem neuen Freund seine Spielsachen vorführte. Caio interessierte sich aber nur am Rand dafür. Die Familie war schon zu Bett gegangen. Für den Besucher war Antons Couch hergerichtet, nachdem dieser alle seine chaotisch durcheinander liegenden Spielsachen abgeräumt hatte. Durch das Fenster schien der Mond wie ein Scheinwerfer auf die gegenüberliegende Wand, sodass Anton das Licht ausmachte. Das Zimmer erstrahlte in hellem Schein. Caio hatte seinen Schatz, die Streich-holz-schachtel mit dem Scheibchen, auf das Tischchen neben der Couch gelegt und aufgeschoben, sodass es im hellen Mondlicht lag. „Da schau!", flüsterte Anton, der das Ritual gespannt verfolgte, plötzlich mit unterdrückter Stimme. „Schau mal, das Scheibchen!" Tatsächlich! Das Scheibchen war von einem geheimnisvollen grünen Schein umgeben. Anton war, als ob sich auf der Oberfläche ein Gesicht zeigte, das lautlos zu sprechen schien. Dann verblasste das Gesichtchen nach und nach und war dann nicht mehr zu sehen. Das Scheibchen hatte die Farbe des Tons angenommen, braun, erdig und unscheinbar.

Anton, Caio und Kert, der Räter-Junge

Es war ein Wunder! In dieser Nacht träumten die Buben von Kert. Beide! Kert war Anton aus Caio's Erzählung beinahe schon vertraut. Sogar mit Kert's Sprache kam er nun relativ gut zurecht. Auch für Kert schien Anton kein Fremder zu sein.

Er sagte, die Kinder sollten in der folgenden Nacht auf den Peterbühl gehen, genau zu der Stelle, wo Caio damals das Scheibchen, sein Scheibchen! gefunden hatte. Ob sie sich trauten?

Die beiden Buben tauschten am Morgen ihre Träume aus. Anton konnte es fast nicht glauben, dass er sich problemlos in Caio's Welt begeben konnte. „Derselbe Traum! Wo gibt es das denn? Das ist doch nicht normal!" Er war wie aus dem Häuschen. „Es ist fast so, als ob wir drei über Zoom oder Teams oder so zusammengeschaltet wären, nicht?"

Caio war erleichtert. Er war echt froh, dass auch der Freund die Fähigkeit zu haben schien, sich in den Traum einzuklinken. Sie besorgten sich im Spar-Laden Taschenlampen, die Anton großzügig aus seinem Taschengeld bestritt. Trotz des Vollmondes gab es auf dem Bühel bestimmt Stellen, die im Dunkeln lagen.

In der Zwischenzeit träumen sie beide, getrennt in ihren Wohnungen, auf geheimnisvolle Weise aber doch im Traum vereint, immer wieder von einem gemeinsamen Zusammensein und lernten sich immer besser zu verständigen. Kert erzählte auf Nachfrage der Beiden vom Leben in seiner Zeit. Umgekehrt wollte er von seinen Freunden erfahren, wie es in der Zukunft sein wird. Irgendwann verriet er, dass sein Volk von den Eroberern, den Römern, „Räter" genannt wurde. Römer, Räter, Eroberer. Die beiden Jungs waren mitten in einer total spannenden Welt gelandet! Da brauchte es keine Abenteuerbücher mehr. Die Wirklichkeit toppte alles!

In der Schule fiel Mitschülern und Lehrern auf, dass sich die beiden Buben immer stärker absonderten. Es schien, als verbinde sie ein gemeinsames Geheimnis. Bei einer wöchentlichen Fragestunde konnten die Kinder Fragen, die sonst in keinem der Schulfächer Platz fanden, auf Zettel schreiben. Caio schrieb auf den seinen: „wehr waaren di räter bite" Nach einigen anderen Zetteln zog die Lehrerin Caio's Zettel und wusste gleich, von wem er stammte. Sie sagte, sie wisse nicht gerade viel über dieses Volk, versprach aber, sich genauer über die Räter zu informieren und dann in der Geschichtsstunde (GGN) darüber zu berichten.

Das passierte dann auch. Die Lehrerin sagte, dass viele Südtiroler von den Rätern abstammten. Es sei ein mächtiges Volk gewesen, das vor 2000 Jahren aber schließlich von den Römern besiegt worden sei. Direkt vor der Haustür, auf dem Peterbühl, habe es eine Siedlung der Räter gegeben. Im kleinen Archäologischen Museum in der Michaelskapelle seien Fundgegenstände ausgestellt, die in den 1950er Jahren bei Ausgrabungen gefunden worden sind.

Urzeit! Ausgrabungen! Schätze! Die Kinder fanden das alle so spannend, das mit dem mächtigen Volk der Räter, dass schließlich beschlossen wurde, einen Lehrausflug nach Sanzeno zu unternehmen, in eines der Zentren der Räter nicht weit entfernt im Nonstal. Sie, die Völser-Kinder, Abkömmlinge des mächtigen Volkes der Räter! Das hatte schon was!

Unternehmen bei Vollmond

Der Mond hatte sich wieder gerundet und strahlte aus einem wolkenlosen, kobaltblauen Himmel. Die beiden Jungs waren bestens gerüstet und fieberten dem nächtlichen Ausflug auf den Peterbühl entgegen. In der vergangenen Nacht hatten sich die Beiden im Traum mit Kert verbunden. Als Kert von diesem Schulausflug auf den Peterbühl erfuhr, bat er die Jungs inständig, Auri's

Scheibchen zu bergen. Darin sei, genauso wie bei ihm, ihr Wesen in verzauberter Form eingeschlossen. Damit könne seine Freundin aus dem Zauberschlaf erwachen und er würde sie nach zweieinhalb Jahrtausenden, wenn auch noch in ihr Scheibchen eingeschlossen, endlich, endlich wiedersehen. Wie abgesprochen ließ jeder der beiden Abenteurer nach dem Schlafengehen noch einige Zeit verstreichen, um die Eltern nicht zu alarmieren. Anton überwand sich und las seiner kleinen Schwester ein Märchen vor. Seine Auswahl war aber nicht unbedingt auf ein kleines Mädchen zugeschnitten, für ihn selbst schien es aber passend: „Von einem der auszog, das Fürchten zu lernen". Das hatte zur Folge, dass er erstens das Vorlesen unterbrechen und zweitens erhebliche Anstrengung aufwenden musste, um die kleine Schwester soweit zu beruhigen, dass die Eltern blieben, wo sie waren, und die Kleine einschlief.

Die Turmuhr an der Pfarrkirche schlug zehn Uhr. Die Buben stahlen sich heimlich aus der Wohnung, der eine von da, der andere von dort. Caio, der jeden Baum mühelos hinauf- und herunterklettern konnte, rutschte mit Hilfe des Dachrohrs nach unten. Am Abend zuvor hatte er für die letzten zwei Meter vorsorglich eine Bank aufgestellt, die dort an der Bushaltestelle stand. Anton hatte es, wie berichtet, etwas schwerer, da seine kleine Schwester einfach nicht auf Befehl einschlafen wollte. Zusammen mit seiner Katze, die ihm überallhin folgte, schafft er es schließlich doch, sich beim Zehn-Uhr-Schlagen aus dem Zimmer zu stehlen und die Wohnung unentdeckt zu verlassen. Ein Schreck durchfuhr ihn, als er merkte, dass er die Wohnungstür ins Schloss gezogen hatte. Er hatte sich ausgeschlossen! Zum Glück fiel ihm das Schlüsselversteck im hohlen Stein in der Blumenkiste links vom Eingang ein.

Die Beiden hatten ausgemacht, unter der Bettdecke einen Zettel mit der harmlosen Notiz zu hinterlassen: „Ich bin nur Sterne schauen gegangen". Die Handys ließen sie zurück, um nicht angerufen werden zu können. Treffpunkt der nächtlichen Ausreißer war der Florerhof. Das Signal: dreimal blitzen – Pause – dreimal blitzen.

Da näherte sich Anton plötzlich ein geisterhafter Schein, der hin und her irrte, einmal ein paar Bäume beleuchtete, dann wieder verschwand. Ein Knacken. „Anton, bist du's?" Wie gut er inzwischen Deutsch sprach! „Ja, ja. Hierher. Hier bin ich", sagte er äußerst intelligent, da sich Caio sowieso am Lichtstrahl der Taschenlampe orientierte. Die Kühe vom Florerhof schnaubten und klirrten unruhig mit ihren Ketten wegen der ungewohnten Störung. Noch war es stockfinster. Der Mond würde erst später aufgehen, das wussten sie. Hinter dem Tschafon bildete sich ein erster Schimmer. Brrr! Unbekannte Nachtgeräusche. Jeder ihrer Sinne war bis aufs Äußerste angespannt. Die Lichtkegel eines Autos näherten sich und bogen zum Sportplatz ab.

Im Licht ihrer Taschenlampen fanden sie das Gatter im Zaun, der den Peterbühl umgibt, um die Ziegen am Ausbüxen zu hindern. Anton zog es vorsichtig auf, während ihm Caio leuchtete. Es gab beim Öffnen ein erbärmliches Quietschen von sich. Caio hielt das Gatter fest, dass es nicht zuschlug. Es war kühl, November. Ein matter Lichtschein drang vom Dorf zu ihnen herüber. Das Scheibchen brannte in Caio's Hosentasche. Anton's Katze strich herum, ihre Augen leuchten. Einige späte Blätter fielen raschelnd zu Boden, sodass die Buben erschreckt innehielten. Endlich waren sie am sogenannten Bombenloch und standen nach einigem Suchen exakt an der Stelle, wo Caio das Scheibchen gefunden hatte. Da war er sich ganz sicher.

Da ging hinter dem Tschafon mit einem Mal der Mond auf, als hätte jemand einen gigantischen Bühnenscheinwerfer eingeschaltet. Fahles Licht überflutete den Hügel. Caio hockte sich nieder, fasste sich ein Herz und fing im strahlenden Mondlicht mit seiner kleinen Gartenschaufel im Boden zu graben an. Es ging leichter als gedacht. Obwohl der Hügel ausgesprochen felsig ist, gab es hier eine Stelle mit brösligem Material. Da war bestimmt eine Behausung darunter, die noch nicht ausgegraben worden ist!

Da, plötzlich ein matter, grünleuchtender Schein! „Das ist es! Das ist es!", flüsterte Caio mit erregter Stimme. Ja, da war es! Keiner traute sich, das verwunschene Scheibchen anzufassen. Ob der Fluch dann auf sie übersprang? Caio wagte es schließlich und legte das Scheibchen mit dem darin eingeschlossenen Mädchen auf seine Handfläche. Es fühlte sich warm, beinahe samtig an. Nein, es ging keinerlei Bedrohung von ihm aus. Die Buben atmeten auf. Anton überwand seine Angst und nahm das Scheibchen, das bestimmt Kert's verzauberte Freundin war, nun auch vorsichtig zwischen zwei Finger. Nichts passierte. Da schob es Caio zum andern Scheibchen in die Streichholzschachtel. Sofort flammte um die beiden Scheibchen ein gemeinsames, grün leuchtendes Feld auf. Sie begannen hell zu strahlen, erschreckend und faszinierend zugleich! Wie gebannt beobachteten Caio und Anton das Geschehen.

Nach einer Weile, die den Buben unglaublich lang vorkam, stellten die beiden Scheibchen plötzlich ihr Leuchten ein. Was war geschehen? Warum leuchteten sie nicht mehr? Nachdenklich schob Caio die Schachtel zu und steckte sie zurück in die Hosentasche.

Die Jungen machten sich schweigend auf den Heimweg. Die Taschenlampen brauchten sie nun nicht mehr. Es war so hell geworden, dass sie den Weg auch ohne fanden. Caio prüfte unterwegs immer wieder, ob das mysteriöse Leuchten der beiden Scheibchen zurückgekehrt war, aber nein. Alles war so, als wäre es nie anders gewesen. Die Scheibchen lagen braun und reglos auf ihrem Wattebettchen in der Zündholzschachtel.
Die Buben schafften es schlussendlich, jeder für sich, sich unbemerkt in ihre Wohnungen zurück zu stehlen.

In der Nacht träumen beide denselben Traum: Kert und Auri, die beiden Kinder aus rätischer Zeit, sprachen zu ihnen. Sie dankten für ihr Vertrauen und dass sie nun zueinander gefunden hatten nach so unendlich langer Zeit, wenn sie auch noch in den Scheibchen gefangen waren. Sie waren aber auch sehr traurig darüber, dass die andern vierundvierzig Bewohner der Peterbühl-Siedlung nicht einmal so weit kommen hatten können, dass sie aus dem Zauberschlaf erwachten. Sie blieben nach wie vor verschollen. Niemand wusste, wo sie abgeblieben waren.

Entdeckung im Archäologischen Museum

Die Lehrerin hatte an dem Thema der Völser Vergangenheit offenbar auch persönliches Interesse gefunden. Zudem war es immer lohnend, in der Schule an Projekten zu arbeiten. Schüler lieben nun einmal Abwechslung. Für Neues und Ungewöhnliches sind sie leicht zu begeistern. Sie durchstöberte das Internet, war einige Male in der Teßmann-Bibliothek in Bozen und kam mit immer neuen Erkenntnissen, die sie den Schülern und Schülerinnen in GGN mitteilte.

„Hört einmal her". Die Lehrerin tat geheimnisvoll. „Am kommenden Donnerstag gehen wir ins Archäologische Museum". Erfreutes Gemurmel in der Klasse. Dort seien einige Fundstücke aus Ausgrabungen ausgestellt, die in den 1950er und 1990er Jahren am Peterbühl durchgeführt worden sind. Nein, sie brauchten nicht mitzuschreiben, sollen dafür aber aufpassen und Fragen stellen. Der Kurator sei selbst Lehrer in Pension und würde alle ihre Fragen beantworten.

Donnerstag. Es sind lediglich ein paar Dutzend Schritte von der Grundschule zum Dorfplatz und zur Michaelskapelle. Herr Jan Ek, der Kurator des Archäologischen Museums, begrüßte alle herzlich. Er sagte, er fühle sich wieder in die Schule zurückversetzt. Er hatte in der Mittelschule in Kastelruth unterrichtet. Die Lehrerin kannte er von daher, auch einige der Schüler. „Schaut euch ruhig um", sagte er. „Ihr sehr die Beschriftungen an den Vitrinen. Seid so nett und fasst nicht ans Glas. Wegen eurer Schmutzhände", grinste er. „Und stellt euch vor, wenn eine Vitrine umkippt! Aber das Wichtigste: Ich bin mir nicht komplett sicher, aber in einer der Vitrinen, da scheint ein Spuk eingeschlossen zu sein." Und dann auf eine Nachfrage: „Nein. Ich weiß nicht, in welcher. Da wurde vor kurzem umgeräumt. Ich habe die Vitrine nicht markiert." So kritisch die Schüler auch schauten, sie konnten kein Anzeichen dafür entdecken, dass es Herr Ek sie nur verschaukeln wollte.

Die beiden Jungs, Caio und Anton, blieben dem Kurator auf den Fersen und löcherten ihn, wo sie konnten. So erfuhren sie durch ihr hartnäckiges Nachfragen, welches Herrn Ek das Gefühl gab, dass er es mit besonders interessierten Jungs zu tun hatte, dass sich hier im Museum neben anderen Artefakten auch vierundvierzig Tonscheibchen befänden. Keiner der Archäologen könne sagen, worum es sich dabei handelte. Ihre Bedeutung sei völlig unklar. Man wisse nur, dass diese seltsamen Scheibchen aus den Wänden von Tongefäßen gebrochen worden sind und zweieinhalb tausend Jahre alt sind. Er zeigte den Buben, die wie elektrisiert lauschten, die entsprechende Vitrine.

Caio und Anton warfen sich vielsagende Blicke zu. Es konnte sich nur um die übrigen vierundvierzig verzauberten Bewohner der Peterbühl-Gemeinschaft handeln, die hier im Museum in Gestalt von vierundvierzig Tonscheibchen eingesperrt sind! „Wenn wir auch sie ins Vollmondlicht holen, dann sind sie frei!", raunte Anton, als Herr Ek sich mit den Mitschülern abgab. „Aber zuerst müssen wir die Zauberkraft des Zauberamuletts im Rungger Egg brechen", flüsterte Caio und betrachtete die Vitrine mit den berühmten Fibeln, denen das Museum seine Bekanntheit verdankt. Wenn das gelänge, würde die gesamte Peterbühl-Gemeinschaft erlöst sein.

Kert und Auri waren außer sich vor Glück, als die Jungs hoch und heilig versprachen, nach den Relikten des Zauberers zu suchen. Sie würden den Bann des magischen Amuletts, das immer noch aktiv sein musste, wenn auch in einer abgeschwächten Form, brechen, indem sie es zerstörten! Die beiden grünen Gesichter auf den Scheibchen strahlten. Kert, der einmal bei einem Opferfest in Rungg mit dabei gewesen war, konnte den Freunden einiges verraten, was ihnen bei ihrer Suche helfen konnte. Sie sollten nach dem Altar suchen und nach dem Platz der Brandschüttung, wo der Leichenbrand mitsamt den Beigaben vergraben worden sei. Dort mussten auch die Überreste des Zauberers zu finden sein, der nach seinem

Tod mit Bestimmtheit dort eingeäschert worden ist. Und ja, auch Zauberer würden sterben! Auch Magier leben nicht ewig!

Der Bruch des Zaubers

Anton erzählte das und jenes seinen Eltern, allerdings nicht die gesamte Geschichte. Er konnte mit ihnen alles besprechen, was ihm durch den Kopf ging, Träume, Ideen, Gedanken. Sie hatten beide ein offenes Ohr und nahmen sich Zeit, für ihn und seine Schwester. Anton bat sie, ob sie am Wochenende zum Rungger Egg fahren könnten, wo sich die Wallburg der Rungg-Gemeinschaft befand. Und, ob Caio, der Freund, mitkommen dürfe. Das war alles kein Problem, da sie von diesem Schulprojekt wussten. Allerdings, mit Fahren war nichts. „Na, die paar Kilometer werden wir schon auch zu Fuß schaffen", meinten sie nur. Stimmte ja. Der Weg über die alte Straße nach Konstantin und dann weiter nach Seis war wirklich ein Klacks.
Im Laranzer Wald suchten sie den Weg, der an die Kante führt, und suchten den Boden zentimeterweise ab. Dabei fanden sie tatsächlich drei Tonscherben, Anton sogar eine mit Stempelmuster! Aber keine Spur von einem beschrifteten Stein oder einem ungewöhnlichen Artefakt, die einen Hinweis auf etwas Magisches geben konnten. Allerdings war die Zeit auch etwas kurz. Die Suche musste nach einer Stunde abgebrochen werden. Es wurde ja früh dunkel.
Die Eltern und Caio's Zieheltern waren damit einverstanden, demnächst noch einmal nach Seis zum Rungger-Egg zu fahren und, wie cool! dort auch zu übernachten. Allerdings unter der Voraussetzung, dass die Schulleistungen stimmten. Wenn die Jungs schon so

einen Narren daran gefressen hatten, im Boden nach Scherben zu wühlen!

Es stellte sich nun das Problem, dass es ein Tag, oder besser gesagt ein Abend, mit Vollmond sein musste. Das war die Grundvoraussetzung, um überhaupt eine Chance zu haben, den Zauber des Magiers brechen zu können. Das stellte sich dann aber als leichter heraus als gedacht. Es traf sich, dass genau am kommenden Vollmondabend auf dem Laranzer Sportplatz ein Fußballspiel stattfand. Nun würden auch die Erwachsenen ihren Spaß haben und umso lieber hinfahren.

Am entsprechenden Abend fuhren sie mit dem Wohnmobil nach Seis – Antons kleine Schwester durfte bei einer Freundin übernachten – und stellen den Hymer auf einem Parkplatz unter dem Sportplatz ab. Die Eltern ließen die Jungs mit strengen Auflagen zurück. Ja, ja, kein Feuer, und überhaupt nahe am Camper bleiben. Ihnen schien Caio's Leben wichtiger zu sein als seins, Antons. Jedenfalls nervten sie Anton und sagten, er solle ja auf Caio aufpassen.

Als die Eltern endlich fort waren, machten sie sich sofort fiebrig auf die Suche nach der Stelle der Brandschüttung. Caio trug die Zündholzschachtel mit den beiden Scheibchen offen auf der Handfläche. Sie leuchteten unterschiedlich stark, je nachdem, ob sie sich auf dem richtigen Weg befanden oder sich davon entfernten. So dienten sie quasi als Kompass. Der Vollmond, der hinter dem Schlern aufgegangen war, erleichterte die Orientierung ungemein. Die Lichtkegel ihrer starken Taschenlampen durchwühlten das Areal. Von Weitem hört man das Johlen und Pfeifen des Fußballspiels. Da, ein helles Aufleuchten! Unmittelbar vor dem felsigen Abbruch war tatsächlich eine Steinpyramide mit einer Deckplatte in Form eines großen Tisches zu erkennen. Daneben ein "Standing Stone", ein aufrechtstehender Stein, der wohl das Areal markiert hatte. Da muss es sein! Die Jungs fröstelte es. Der Schlern schimmerte im Schein des Vollmondes in kalkigem Licht. Knarrende Geräusche. Eine Fledermaus taumelte flatternd vorüber. Ein grünes Augenpaar. Ein Fuchs? Anton hatte den Klappspaten vom Wohnmobil mitgenommen. Die beiden Jungs wechselten sich ab und legten das Erdreich etwa fünf Meter links vom Steintisch frei, dort, wo eine mit lockerem Geröll angefüllte Senke auszumachen war, an der die Scheibchen besonders aufleuchteten.

Tatsächlich, eine rechteckig abgegrenzte Grube! Leichenbrand, Kohlestückchen. Es war Caio, der irgendwann auf ein metallenes Objekt stieß. Ja, es war zweifellos ein Amulett, was da matt leuchtend im Schutt zu erkennen war. Sollte er sich trauen, es anzufassen? Anton meinte, sie sollten ein Stück Holunderholz dafür verwenden. Das habe er irgendwo gelesen. Holunderholz würde Zauber brechen. Caio hatte zwei Aststückchen mit dabei. Damit balancierten sie das dämonische Metallobjekt mit rasendem Herzklopfen aus der Grube. Wenn etwas schief ging! Nicht auszudenken. Das war ein Objekt mit starker Magie! Caio benutzte die beiden Stäbchen wie eine Pinzette. Das Amulett rutschte ihm jedoch aus und glitt zurück in die Grube, festgehalten von einer Kette, die im Boden feststeckte. Schließlich baumelte das Objekt dann doch an dem Stück Holunderholz. Zaghaft breitete Anton Kette samt Amulett auf den Steintisch aus. Der Anhänger bestand aus einer handtellergroßen Bronzescheibe, die mit unverständlichen Symbolen bedeckt war. In ihrer Mitte glühte ein smaragdgrünes Steinchen. Als der Schein des Mondlichts auf das Amulett traf, blitzte es urplötzlich auf. Ein greller grüner Schein umhüllte den

Altar. In seinem Lichtbogen erblickten die Buben ein dämonisches Wesen, das darin gefangen zu sein schien. Es hüpfte auf und ab, blähte sich auf, wurde größer und größer. Angst schnürte ihnen die Kehle zu. Würden sie nun selber verzaubert werden? Dann fiel der Spuk plötzlich mit hässlichem Zischen in sich zusammen und erlosch mitsamt der teuflischen Gestalt. Ruhe breitete sich aus. Absolute Stille. War alles überstanden? Die Buben suchten die Stelle ab, an die sie das Amulett gelegt hatten. Es war zu Staub zerfallen. Ein leichter Wind formte einen Wirbel über dem Tisch, der die Asche in die Luft entführte und in alle Richtungen zerstreute.

Die Buben suchten den Weg zurück zum Wohnmobil. Sie waren wie betäubt. War der Fluch gebannt? Irgendwann hörte das Johlen am Sportplatz auf. Die Besucher schienen sich zu zerstreuen. Man hörte Autotüren klacksen, dann gingen die Flutlichter aus. Stimmen näherten sich. Die Eltern kamen mit hüpfenden Lichtkegeln beschwingt zum Wohnmobil zurück, öffrneten und zogen hinter sich die Trittstufe ein. „Na, Jungs, alles klar?"

Caio hatte seinen Schlafplatz auf dem Feldbett hergerichtet bekommen, das sich durch Absenken des Tisches bilden ließ.

In dieser Nacht befanden sich die beiden Jungs wieder in demselben Traum. Kert und Auri, die rätischen Kinder hielten sich an den Händen und danken den mutigen Jungs aus der Zukunft für diese Tat. Wenn nun noch ein letzter Schritt gemacht würde, der darin bestand, alle Scheibchen an den Platz zu bringen, wo sie gefunden worden waren, wäre die gesamte Gemeinschaft erlöst.

Das Verschwinden der Scheibchen

Der Völser Friedhof lag in gewohnter Abendruhe da. Die schmiedeeisernen Grabkreuze zeichneten sich in der kristallklaren Abendluft scharf gegen den dunkelblauen Himmel ab. Da und dort brannte eine Kerze, und ihre Flämmchen zitterten unter den Schutzdeckeln. Die Turmuhr schlug Viertel nach sechs. Von draußen vor der Friedhofsmauer war das Plätschern des Dorfbrunnens zu hören. Ein paar Leute gingen angeregt diskutierend in Richtung des Lebensmittelgeschäfts. Als sich dessen Tür schloss, kehrte wieder ungebrochene Ruhe ein.

Der Kurator, Herr Jan Ek, eilte an diesem kalten Novemberabend noch einmal zur Gruft. Die abscheuliche Darstellung des Herodes über dem Portal zuckte im Schein einer Grabkerze, er schien sie aber nicht weiter zu beachten. Herr Ek sperrte die Eisentür auf, um die Alarmanlage einzuschalten. Er glaubte, er hätte sie nach der heutigen Führung durch das Museum zu aktivieren vergessen. Matter, durch ein Eisengitter gerasterter Schein drang durch das einzige Fenster, das in Richtung des Dorfplatzes führt und beleuchtete das Gewölbe mit den furchterregenden Wandbildern, die den Sensenmann zeigten, der dabei ist, die Lebenden in den Tod zu mähen. Er schaltete die Vitrinenbeleuchtung ein. Keine Auffälligkeiten, alles war in Ordnung, alle schienen noch da zu sein, die unschätzbaren Artefakte aus der Völser Urzeit. Als er den Raum verließ deuchte ihm, als ob von der Vitrine mit den Tonscheibchen ein grünes fluoreszierendes Leuchten ausging. Er stutzte, schrieb das aber einer Spiegelung des Vitrinenlichts in der Glashaube zu, die darüber gestülpt war, um die Gegenstände vor Staub zu schützen. Ganz geheuer war ihm aber nicht. Das mochte aber an den schrecklichen Wandbildern liegen, die ihm ein mulmiges Gefühl bescherten, seltsam, da er daran ja gewöhnt war. Er war froh, als sich draußen das Miauen einer Katze hören ließ. Zurück in der Gegenwart! Hastig aktivierte er die Alarmanlage und zog die schwere Eisentür der Gruft erleichtert hinter sich ins Schloss.

Tage vergingen. Der geschichtliche Sachbereich „Räter" war in der Schule immer noch am Laufen. Auch zwei andere Klassen, besser gesagt deren Lehrerinnen, hatten sich anstecken lassen. Daraufhin beschloss die Schulleitung, diesem Unterrichtsgegenstand einen breiteren Raum einzuräumen, da es sich hierbei ja ausdrücklich um die Geschichte des Heimatdorfes handelte, die in GGN oft nicht ausreichend berücksichtigt wurde.
Caio und Anton hatten sich durch ihr Interesse und Vorwissen in der Klasse auch unter den coolen Jungs eine gewisse Position erobert.
Trotz der frostigen Jahreszeit machte die Schulklasse ab und zu einen Spaziergang auf den Peterbühl. Einmal hat es die Lehrerin sogar erreicht, dass ein Archäologe vom Archäologischen Institut in Bozen zu einem Vortrag kam. Dr. Dalle Rose konnte die Kinder durch seine lebendigen Schilderungen in seinen Bann ziehen, obwohl er ein etwas gewöhnungsbedürftiges Deutsch sprach, mit dem er sich als Italiener schwer zu tun schien. Der Archäologe zeigte den Kindern die Hausgruben am südlichen Ende der Hügelkuppe aus der Zeit um 2.500 vor Christus. Caio und Anton waren wie elektrisiert, wussten sie doch aus ihren Begegnungen in der Traumwelt, dass die Bewohner dieser sechs Häuser, von denen nur mehr die Unterkellerungen erhalten geblieben sind, von einem Zauber befallen waren und seit zweieinhalb Jahrtausenden darauf warteten, daraus befreit zu werden. Sosehr die Jungs auch ihr Hirn zermarterten, es kam ihnen

einfach keine Idee, wie sie an die Scheibchen im kleinen Völser Museum kommen könnten, um sie an ihren angestammten Ort auf dem Peterbühl zu bringen.

Da bot sich plötzlich eine unerwartete Gelegenheit. Es war wie eine Fügung des Schicksals. Eine archäologische Fachkraft würde kommen, um die Artefakte im kleinen Archäologischen Museum zu fotografieren und zu dokumentieren. Damals, vor zehn Jahren, als die Vitrinen aufgestellt und einige der Peterbühl-Artefakte aus dem Depot in Frangart als Leihgabe vom Amt für Archäologie hierhergebracht worden waren, ist das anscheinend vergessen worden. Anton hatte sich getraut, Herrn Ek auf dem Dorfplatz anzusprechen. Zwei ganze Tag lang, hatte Herr Eck gesagt, würde die Gruft offenstehen. Diese Gelegenheit ließen sich die Buben nicht entgehen! So einen Zufall würde es so bald nicht wieder geben. Am Nachmittag nach der Schule gingen sie daran, die Situation auszukundschaften. Nach erprobter Manier schickten sie Antons kleine Schwester vor, um die Fotografin mit ihrem Geplapper und ihrem Charme abzulenken. Anton wusste aus anderen Zusammenhängen, dass das stets funktionierte. Die kleine Schwester spielte immer bereitwillig mit und bekam dafür jedes Mal ein paar Süßigkeiten ab. Ein Deal, der für beiden Seiten von Vorteil war.
Die Schwester zeigte sich vom grausigen Herodes über dem Eingang eingeschüchtert, und dann auch von der Darstellung des Sensenmannes im Inneren. Er schien genau sie dahinmähen zu wollen! Sie musste ihre Blicke gewaltsam lösen. Die Fotografin hatte einige der archäologischen Schätze auf einem großen schwarzen Tuch ausgelegt. Von zwei Scheinwerfern angestrahlt warteten die Boten aus der Vergangenheit darauf, auf die Spei-

cherkarte gebannt zu werden. Die dick in Felljacke und Pelzstiefeln gekleidete Archäologin wandte sich dem plötzlich auftauchenden Mädchen zu. Sie war froh, eine Pause einzulegen und bot der kleinen Besucherin einen Becher heißen Tees aus einer Thermoskanne an. Miriam spielte ihre Rolle meisterhaft, auch weil sie aus Erfahrung wusste, dass sie leistungsmäßig entlohnt wurde: Besserer Job, mehr Cash. Als sie so richtig in Fahrt war, fiel das Stichwort: ein gekünstelter Huster, der für Antons Geschmack allerdings übertrieben ausfiel. Die Frau schien das aber nicht mitzukriegen. Daraufhin kamen die beiden Bürschchen mit den Händen in den Hosentaschen wie beiläufig über die paar Stufen hinunter in die Gruft geschlendert. Sie fragten manierlich, ob sie ein bisschen schauen dürfen. Die Fotografin fertigte die beiden ab und sagte nur: „Aber nichts anfassen, ja?" Wahrscheinlich hatte sie mit Buben dieses Alters schlechte Erfahrungen gemacht. Caio und Anton schnüffelten dahin und dorthin, bis sie vor der Vitrine mit den Scheibchen standen. Die lagen wie auf dem Präsentierteller offen auf einer Vitrine und würden wohl demnächst fotografiert werden. War da nicht dieses grünliche, fluoreszierende Leuchten, das sie von „ihren" beiden Scheibchen kannten? Die anzeigten, dass der Zauber noch aktiv war? Die Schwester plapperte gerade vom Nikolaus, und als sie auf den Krampus zu sprechen kam, schaute sie hinauf zum Sensenmann. Die Fotografin hatte sich zu Miriam hinuntergekniet und strich ihr mütterlich übers Haar. Ja, die Belohnung würde üppig ausfallen! Da musste das Taschengeld bluten! Blitzschnell schaufelte Caio die eine, Anton die andere Hälfte der verwunschenen Scheibchen in die Hosentasche. Dann machten sie sich mit ihrer Beute aus dem Staub. Unglaublich, es war geglückt!

Die Lösung

In der folgenden Nacht schlichen sie sich aus dem Haus. Alle sechsundvierzig Scheibchen hatte Anton vorsorglich in ein Tuch gewickelt. Den nächtlichen Weg aus den Wohnungen und am Florerbauern vorbei hinauf auf den Peterbühl kannten die Beiden ja beinahe wie ihre Hosentasche. Ein milder Mondschein begleitete ihren Weg. Sie standen unter Hochspannung und hatten gar keine Zeit, sich von den spätabendlichen Geräuschen einschüchtern zu lassen, obwohl in den Nachrichten gemeldet worden ist, dass sich nun auch auf dem Hochplateau Wölfe herumtreiben sollen.

Auf der Kuppe angekommen, mussten sie sich erst einmal zurechtfinden. Caio, der hinsichtlich Orientierung ein Naturtalent war, wohl weil er in seinen Jahren auf der Alm diese Fähigkeit entwickeln musste, fand dann die Stelle, wo sie die beiden Scheibchen gefunden hatten: am südöstlichen Eck, wo früher der Zugang zur Hügelkuppe war – und heute immer noch ist. Ja, dort die Grube, die Caio hinterlassen hat! Die beiden Buben vergrößerten die Vertiefung mit ihrer Gartenschaufel. Es ging leichter als gedacht. Unter der Oberfläche stießen sie auf brüchiges, lockeres Material, schließlich, völlig unerwartet, auf eine Höhlung. Dann hielten sie plötzlich zwei Tonscherben in den Händen, die beim Wühlen zum Vorschein gekommen waren. Als sie tiefer gruben, stießen sie auf weitere Scherben und schließlich auf Teile eines bauchigen Tongefäßes. Das musste der Behälter sein, in den der Magier aus der Rungg-Gemeinschaft die verzauberten Bewohner in Form von tönernen Scheibchen verschlossen hatte! Es war unglaublich. Wie konnte dieser Fund so lange Zeit unentdeckt geblieben sein, wo doch bei den Ausgrabungen 1954 vierundvierzig Tonscheibchen genau an dieser Stelle geborgen worden waren! Caio erinnerte sich, dass Frescura, der Archäologe, damals im Oktober 1959 die Ausgrabungen wegen eines plötzlichen Wintereinbruchs abbrechen musste.

Eine Fledermaus flatterte über ihren Köpfen hinweg und stürzte in eckigem Flug in die Tiefe. Ihr folgten wie in einer Kette weitere. Sie mussten aus dem Luftschutzkeller gekommen sein. Unten vom Florerhof drang das lang gezogene Brüllen einer Kuh durch die klare, kalte Nacht. Die Buben fröstelte. Ein prächtiger Sternenhimmel spannte sich vom Schlern bis hinüber zum Ritten. Anton hatte ein mulmiges Gefühl. Ob sie das Richtige taten? Caio beeindruckte das nicht, die Kälte, die Nacht, die fremden Laute. Das alles war ihm vertraut. Die Buben legten nun das Bündel mit den Scheibchen auf den Boden und bemerkten wieder das leichte grüne Schimmern. Dann füllten sie sie eines nach dem anderen in den Bodenteil des Gefäßes, das gut erhalten geblieben war. Es vergingen ein paar lange Minuten. Dann begannen die Scheibchen im Tonkrug urplötzlich hell aufzuleuchten.

Da! Wie war das möglich?! Wie von Zauberhand veränderte sich nun die Landschaft rings herum. Die Kirche verblasste und löste sich auf, die Bäume, die Lichter von Völs am Fuß des Hügels, schließlich alle Häuser, Wege und Straßen. Es herrschte stockfinstere Nacht, obwohl gerade eben noch der Mond geschienen hatte. Die Buben wussten nicht, wie ihnen geschah und klammerten sich aneinander. Hatte der Fluch des Rungg-Zauberers nun auf sie übergegriffen? Was hatten sie getan! Die Verwandlung schritt immer weiter fort. Wald bedeckte nun das Gebiet, wo einmal Völs und Prösels gewesen waren. Auf dem Peterbühl wachsen plötzlich wie von Geisterhand Mauern aus dem Boden. Sieben, acht, elf Häuser fremder Bauweise, mit Ried bedeckt und mit Stroh. Geruch von Holzfeuer, fremde Laute. Feuerschein dringt aus den Hütten. Anton und Caio springen entsetzt zurück, als sich plötzlich zwei Kinder in ihrem Alter vor ihnen aus dem Dunkel schälen. Wahnsinn! Es sind Kert und Auri, die nun leibhaftig vor den wie versteinert dastehenden Buben stehen. Kert legt seine Hände, wirkliche, fühlbare Hände, beruhigend auf die Schultern der beiden Freunde. Er blickt ihnen ernst in die Augen. Dann hören sie zum ersten Mal seine Stimme, eine Stimme aus harten Lauten und dunklen Vokalen, die die Beiden aber mittlerweile recht gut verstehen: „Caio, Anton. Unsere Retter!"

Ein scharfes Pfeifen über ihren Köpfen. Ist das möglich? Es ist Caio's Dohle die sich auf einen der Bäume bei den Hausgruben hockt und mit scharfem Blick und wiegendem Körper das Ganze beobachtet.

Nun treten fremdartig gekleidete Menschen aus den Hütten. Viele von ihnen halten Kienspanfackeln in den Händen und bilden einen Kreis um Caio und Anton, Kert und Auri. Eine alte Frau löst sich aus der Gruppe und kommt auf die beiden Buben zu. Ihr Gesicht, vom Kienfeuer von unten angestrahlt, wirkt wie aus knorrigem Holz geschnitzt. Wallendes weißes Haar fällt auf die Schultern. Sie blickt die Besucher aus der Zukunft prüfend an, während die anderen Menschen, Junge und Alte, Greise und Kinder stillschweigend dastehen. Dann legen sich plötzlich schwere Hände auf die Köpfe der beiden Buben. Die Greisin streckt ihre Arme nach oben aus, legt die Handflächen zusammen, dreht sich dem Schlern zu und wiederholt diese Geste. Dank! Schallt es aus vielen gutturalen Kehlen, „Schtorrr!" Die Versammlung stimmt einen melodischen Gesang an, schauerlich und schön zugleich. Darauf ergreift die alte Frau, die Führerin der Gemeinschaft, mit überraschend starkem Griff die Hände der beiden Buben, führt sie durch die Häuser und zeigt den Besuchern aus der Zukunft wortlos Haus für Haus die Schätze der Gemeinschaft: Die Tongefäße, den Bronzeschmuck, die Fibeln, Bronzeringe und Glasperlen sowie Eisenwerkzeuge, Messer und Lanzen. Nach Verlassen jedes Hauses löst sich dieses auf und mit ihm die Bewohner mitsamt ihren Schätzen. So umrunden sie die Kuppe des Hügels und blicken über die östliche Wehrmauer hinunter auf den kleinen südlichen Teich. Schafe liegen auf den Terrassen, zwei Kühe, die viel kleiner wirken. Caio und Anton sind fasziniert vom reichhaltigen Leben auf dem Peterbühl. Nie im Leben hätten sie sich das vorstellen können! Eine ununterbrochene Häuserreihe umrundet das gesamte Hügelplateau! Kert und Auri sind ihnen gefolgt. Ihre Gesichter strahlen die Freunde, ihre Retter, an. Zum Schluss, nachdem alle Häuser versunken sind, macht die alte Frau vor dem hölzernen Wehrturm an der höchsten Erhebung, dort, wo sich später das Kirchlein befinden wird, halt und zeigt mit weit ausholenden Gesten in die Runde, als ob sie die gesamte Landschaft umschließen wollte.

Und dann beginnt sich alles, was noch verblieben war, ebenfalls aufzulösen. „Schtorrr!", hörten die beiden Jungen aus hundertstimmigen Kehlen. „Schtorrr!" Dann war alles verschwunden und die ihnen bekannte Welt war zurück, als wäre es nie anders gewesen.

Die Buben waren wie betäubt. Nein, das wird, das kann ihnen keiner glauben! Oder hatten sie etwa geträumt? Die eisige Luft, die von Norden kam, belehrte sie eines Besseren. Nein, sie befanden sich nicht im Traumland. Sie standen mitten in der Nacht auf dem Peterbühl, der für eine Zeit, eine ganz kurze Zeit, wieder der sein durfte, der er vor so langer Zeit gewesen war. Wie zur Bestätigung stieß Caio's Dohle wie zum Abschied einen scharfen Pfiff aus und flog in die Nacht.

In der Nacht sind Kert und Auri sowohl Caio als auch Anton noch ein letztes Mal im Traum erschienen, um sich für die Erlösung aus dem bösen Zauber zu bedanken. Ihr Volk könne nun in Frieden schlafen.

Am folgenden Tag, es war ein Freitag, unternahm die Schulklasse einen Ausflug auf den Peterbühl. Die beiden Freunde setzten sich ab und suchen nach der Stelle, wohin sie die Scheibchen gelegt hatten. Es war im Boden aber lediglich eine grünliche Verfärbung zu sehen, und die Hausgruben lagen in der späten Novemberzeit genauso verwahrlost und verwachsen da wie vorher. Inzwischen war das Abhandenkommen der Tonscheibchen zum Dorfgespräch geworden. Kurz ist der Verdacht auch auf die beiden Buben gefallen. Aber nur kurz. Es war und blieb ein Rätsel.

～

„Soweit meine Erinnerungen, die ich hier zu Papier gebracht habe. Irgendwie bin ich erleichtert, dass ich diesen Teil meiner Vergangenheit durch das Aufschreiben abschließen habe können. Danke, Astrid, für diesen Impuls! Und ich werde recherchieren, wo Caio, mein Freund aus Kindertagen, abgeblieben ist. Wie es ihm wohl heute als Erwachsenen geht, dem Jungen aus Ladinien? Ob er diese seltsame Gabe, die er an mich weitergegeben hat, immer noch hat? Mit dem Peterbühl, den ich in seiner rätischen Vergangenheit besuchen durfte, bleibe ich für immer verbunden. Anton"

Archäologischer Hintergrund

Am südöstlichen Abschnitt des Hügelfläche befand sich in alter Zeit der Zugang zur Kuppe – und dort befindet er sich auch heute noch, wenn man auf dem geschlungenen Zugangsweg, der vom Florer-Hof nach oben führt, die Höhe erreicht. Dort wurde bei den Ausgrabungen im Jahr 1954 auf einer kleinen Fläche von 40 x 20 cm der Fund von 44 Tonscheibchen gemacht, die offensichtlich aus den Wänden von Terrakotta-Gefäßen gebrochen worden sind. Anlässlich der Ausgrabungen in den 1990er Jahren wurden zwei weitere Scheibchen am östlichen Abhang gefunden. Bedeutung und der Bestimmungszweck dieser Artefakte sind nach wie vor ungeklärt. Manche Archäologen denken an Zählsteine, andere an Warenbegleitmarken oder an Spielsteine. Auch ein religiöser Verwendungszweck wird diskutiert.

Ebenfalls an anderen Orten in Südtirol sind solche als „Tokens" bezeichnete Tonscheibchen gefunden worden.

Einige der Tonscheibchen im Archäologischen Museum in Völs

Blutopfer auf dem Schal-Ern

Das „leuchtende Auge der großen Mutter" war weit geöffnet. Zwölf Neulichten waren vergangen, seit das geschlossene Auge der Göttin auf die Sieben Schwestern blickte, die nun nach dem langen Winter erstmals wieder über den morgendlichen Horizont stiegen. Bald konnte mit der Aussaat begonnen werden. Die Muttertiere schufen neues Leben, und auch die jungen Männer und Frauen in der Peterbühl-Gemeinschaft suchten am nördlichen Abhang des Hügels nach lauschigen Verstecken. Es war Zeit für die große Opferfeier auf dem Berg Schal-Ern, der mit seinen beiden Spitzen und dem langen Rücken die Sicht nach Sonnenaufgang begrenzte. Zur Zeit der Ahnen war ein leuchtendes Gebilde aus der schwarzen Decke der Götter gefallen, die mit ihren vielen Lichtern die Nacht erhellt und die Geister am Umherirren hindert. Hirten, die sich mit ihren Tieren auf dem Berg aufhielten, erzählten nachher, eine goldene Kugel mit langem Feuerschweif sei auf die Anhöhe gestürzt, die sich wie der kleine Bruder des Peterbühl auf dem Rücken des Berges erhebt. Für ein paar Atemzüge habe der Hügel geflammt und gelodert. Dann sei das Licht schwächer geworden und sei schließlich ganz erloschen. Es wurde überliefert, dass sich das goldene Licht aus dem Auge der Großen Mutter gelöst hatte, als Zeichen der großen Verbundenheit der Göttlichen mit den Menschen dieses Gebietes, wie es die Priester damals deuteten. Die Nachbarn im Wald von Laranz, die Rungg-Gemeinschaft von Gschlier, deren Hirten ebenfalls auf dem Schal-Ern hüteten, waren gleichfalls überzeugt, dass die Große Mutter mit ihnen einen Bund geschlossen hatte. Seitdem war es ein fester Brauch geworden, das „Fest der Sieben Schwestern, die den Neuanfang verkünden" gemeinsam zu begehen: Die Gemeinschaft von Peterbühl und die von Rungg bei Gschlier, während die Gemeinschaft von Schnagg weiter im Süden ihre Opferfeiern auf dem Tschafon beging.

Gemeinsamkeiten bestanden aber auch sonst zwischen den vier Gemeinschaften. Es gab gegenseitige verwandtschaftliche Beziehungen durch Heirat, der Schmied der kleineren Peterbühl-Gemeinschaft holte sich Roheisen von der Wallburg in Gschlier, welches er dann am Fuß des Peterbühl nahe beim Tümpel verarbeitete. Und, was noch wichtiger war: Der Brandopferplatz in Laranz, den die Rungg-Gemeinschaft betreute, wurde auch von der Peterbühl-Gemeinschaft mit benützt.

Das Opfer

Nun war also die Zeit gekommen, der Göttin auf dem Berg Dank zu erweisen, dass in der Zeit der dunklen Tage kein größeres Unheil geschehen ist. Raubtiere waren den Gemeinschaften ferngeblieben und es war auch nicht zu viel Schnee gefallen, so dass auch in dieser kalten Zeit nach Wurzeln gegraben werden konnte. Und dann wollten sie die Göttin bitten, die Herrschaft über den Himmel eine Zeit lang ihrem Bruder Etan zu überlassen, um die Saat sprießen und gedeihen zu lassen.

Der Priester suchte das Opfertier aus, das auf den Berg gebracht würde, um es der Großen Mutter als Opfer darzubringen. Darauf bestimmte er die drei Frauen, die das Opferritual im Namen der Gemeinschaft vornehmen würden.

Drei Tage dauerte die Reinigungszeremonie, während der sich die Frauen in die Hütte der Ahnen auf der Kuppe des Hügels zurückzogen und von niemandem gestört werden durften. Eine der Frauen der Gemeinschaft stellte ihnen jeden Morgen einen Krug mit Wasser vor den Eingang und drei Näpfe mit einem Brei aus frischen

Kräutern, der ihr Inneres reinigen sollte, damit die Göttin mit nichts Unreinem in Kontakt kommen würde. Der Widder, der für das Opfer ausgewählt worden war, durfte keine Verunstaltungen oder Verwachsungen aufweisen, seine Hörner mussten gleichmäßig geformt sein. Er wurde im Tümpel gewaschen, geschoren und mit rotem Ocker eingerieben. Anschließend wurden seine Hörner mit Bändern aus grün gefärbter Wolle umwickelt.

Die Mitglieder der Gemeinschaft, die bei diesen Vorbereitungen anwesend waren, wussten, dass in der Rungg-Gemeinschaft dieselben Vorbereitungen im Gange waren. Die Priester hatten sich am Abend getroffen, als das Auge der Großen Mutter zur Hälfte geöffnet war. Sie tauschten sich am Graben, der die Gemeinschaften begrenzte, aus, um die genauen Abläufe zu besprechen.

Das Fest der Großen Mutter war eine den Frauen vorbehaltene Opferhandlung, bei der die Männer eine begleitende und unterstützende Rolle innehatten. Bei den Gesängen zu Ehren der Göttin schlugen sie die Trommeln und spielten die Knochenflöte, kümmerten sich um das Feuerholz und um die Versorgung der Opfertiere.

Drei Tage lang hörte man aus der Hütte der Ahnen die Gesänge der Frauen schallen, die jedes Mädchen von ihrer Kindheit an auswendig lernte: „Ao mecha ma durri elechem", oh du große Mutter, beschütze die Gemeinschaft! „Ao mecha ma hora karte frommata", Große Mutter, gib uns eine reiche Ernte. Die Mädchen und Frauen hatten sich in einem Kreis um die Hütte der Ahnen gesetzt und sangen beim Verarbeiten der Schafwolle verhalten mit. Die Jungen und Männer blieben abseits und verrichteten Arbeiten, die üblicher Weise von den Frauen ausgeführt wurden. Kinder, die diese Abläufe zum ersten Mal erlebten, standen eingeschüchtert mit großen Augen vor dem Heiligtum herum.

Als der Tag gekommen war, brachen die Frauen, die in Kleider aus weißer Schafwolle gehüllt waren und farbige Bänder im Haar trugen, in aller Früh auf. Begleitet wurden sie vom Priester und zwei Männern, die das Opfertier mit sich führten. Einer von ihnen trug das Gefäß mit den glühenden Kohlen und hatte dafür zu sorgen, dass das Feuer nicht ausging. Das wäre ein schlechtes Zeichen gewesen!
Am Graben, der die Gemeinschaften trennte, wartete die Gruppe von Rungg. Gemeinsam, wenn auch jeweils unter sich bleibend, zogen sie den Weg zur Hochfläche hinauf, um dann nach kurzer Rast den beschwerlichen Anstieg auf den Rücken des Berges zu nehmen. Die Männer sammelten unterwegs Feuerholz und banden es sich auf den Rücken.
Die Opfertiere schienen ihr Los zu wittern. Je höher sie kamen, desto störrischer verhielten sich die Tiere, so dass sie mehr gezogen und geschoben werden mussten, als dass sie den Weg selber bewältigten. An jeder Quelle, an der sie vorüber kamen und aus der sie Wasser schöpften, wurde ein Gebet an die weibliche Quellgottheit gerichtet. Ein Bussard kreiste über der kleinen Gruppe und begleitete sie eine Zeit lang, bis er mit einem lautgezogenen Schrei abbog und zwischen den Felsen verschwand.

Die Sonne hatte schon längst den Zenit überschritten. Etan, der Gott mit dem strahlenden Gesicht, zeigte trotz der frühen Jahreszeit eine beachtliche Kraft. Unter ihnen breitete sich eine dunkelgrüne Waldfläche aus, aus der sich da und dort eine Rauchsäule erhob, die wohl vom Feuer eines Köhlers oder von den Brennöfen der Metallschmelzer stammten. In der Ferne zeigte eine Gebirgskette einen weißen Saum aus verschneiten Gipfeln. Die weichen Fellschuhe konnten den spitzen Steinkanten nur wenig entgegensetzen und boten im Geröll, das sich immer wieder über den Saumpfad erstreckte, geringen Halt. Immer wieder mussten sich die Menschen der drei Gemeinschaften gegenseitig unterstützen, wenn jemand abzurutschen drohte oder auf steilem Pfad zu Sturz kam. Endlich waren sie am Scheitel des Schal-Ern angekommen. Herrliche Blumenwiesen lagen ausgebreitet da und verströmten einen unbeschreiblich süßen Duft. Die Widder hatten ihren Widerstand aufgegeben. Sie machten sich unverzüglich über das saftige Gras her ohne dass ihnen bewusst war, dass das ihre letzte Mahlzeit sein würde.

Dann sahen sie die heilige Kuppe vor sich und machten sich ehrfürchtig an den letzten Aufstieg. Die Landschaft unter ihnen nahm an Weite zu. Die Blicke konnten ungehindert über Berge und Täler schweifen. Auf dem kleinen Plateau fiel ihnen der Steinaltar ins Auge, eine bräunlich verfärbte Steinplatte, die auf einigen wuchtigen Steinen ruhte. Rings herum lagen Kohlereste und in einer offenen Grube verbrannte Knochensplitter. Es war ein heiliger Ort, der die Menschen in eine besinnliche Stimmung versetzte.
Etwas abseits erblickten sie den Blutstein, auf dem die Tiere geopfert werden würden. Eine beinahe unheimliche Stille lag über dem Ort, die nur ab und zu vom scharfen Schrei eines Raubvogels oder vom Poltern eines Steins, der in den Abgrund stürzte, durchbrochen wurde. Die Vorbereitungen zum Opfer würden einige Zeit in Anspruch nehmen und bis zur Abenddämmerung dauern. Erst dann durften die Blutopfer vollzogen werden

als Zeichen dafür, dass im anbrechenden neuen Jahr mit Erlaubnis der Göttin der Tag die Nacht besiegte. Dafür wollten die beiden Gemeinschaften beten und opfern. Dann war es soweit. Etan, der Herr mit dem strahlenden Gesicht schickte sich an, sich zur Ruhe zu legen. Er ahnte, dass er nun das Szepter übernehmen würde und überflutete den Horizont mit seinem goldenen Licht. Da entzündeten die Priester das Feuer auf dem Altar. Rötlicher Schein flackerte auf und umhüllte die Menschen, die sich um ihn versammelt hatten. Ein kühler Wind brachte Bewegung in die Flammen.

Die Frauen der Rungg-Gemeinschaft, die das Los getroffen hatte, traten an den Blutstein. Zwei Männer führten den Widder heran und drückten das sich heftig sträubende Tier seitlings auf den todbringenden Stein. Er witterte wohl das Blut seiner geopferten Artgenossen. Eine der Frauen nahm das Opfermesser mit der Steinklinge. Ein kurzes Gebet, dann schnitt sie dem Widder mit einer schnellen, sicheren Bewegung den Hals durch. Während hellrotes Blut stoßartig aus der Wunde schoss, schallten laute Gebete zum dämmrigen Himmel. Das Blut floss über die im Stein verlaufende Rinne in einen Tonkrug. Der Widder gab zu Ehren der Göttin mit dem leuchtenden Auge zuckend sein Leben hin. Die Anwesenden reichten sich reihum den Krug und tranken vom warmen Blut. Den Rest schütteten sie als Blutopfer ins Feuer, wo es zischend verdampfte. Die Göttin schien das Opfer gnädig anzunehmen. Ihr offenes Auge kam über den Horizont und begleitete die Opferhandlung mit wohlwollendem Blick.

Schließlich waren die Tiere geopfert. Die Priester baten die Göttin um ihre Erlaubnis, einen Teil des Opferfleisches verzehren zu dürfen. Nachdem die Priester keinen Einspruch feststellen konnten, da sich keine Schleier oder Wolken vor das leuchtende Auge schob, wurden Hirn und Leber und weitere Teile des Fleisches der geopferten Widder unter die Anwesenden verteilt. Sie verzehrten es stumm, während das Feuer langsam verdämmerte.

Die gehörnten Schädel wurden am Rand des Plateaus aufgestellt, die verkohlten Reste sorgfältig in die weiter unten liegende Opfergrube gelegt. Daran konnten sich in der Nacht die Tiere gütlich tun, die das Geschehen schon längst in sicherer Entfernung aus funkelnden Augen verfolgten.

Mit einem letzten Gebet in Richtung der über den Himmel reisenden Göttin wickelten sich die Menschen in ihre Wollmäntel und legten sich rings um den erhitzten Steinaltar zur Ruhe.

Die Lichter der sieben Schwestern blinkten ihnen freundlich zu.

~

Archäologischer Hintergrund

Eine Sage erzählt, dass sich auf dem Burgstall an Donnerstagsnächten Hexen aus nah und fern zum Tanz versammelten. Sie hätten dabei so ausgelassen getanzt, dass sich die Nägel aus den Sohlen ihrer genagelten Schuhe lösten. Deshalb könne man auf dem Schlern mitunter kleine flache schwarze Steine finden – die Köpfe der Nägel von den Schuhen des Hexenvolkes.

Soweit die Sage, die wohl an Vorkommnisse erinnert, die sich dort in uralter Zeit, der archäologischen Forschung zufolge vor dreitausend Jahren, also in der Bronze- und Eisenzeit, wirklich zugetragen haben:

Auf dem Burgstall befand sich ein Brandopferplatz. Hier wurden die Überreste von Knochen von Haustieren wie Schweinen, Ziegen, Schafen, Rindern gefunden, die offenbar hier geopfert worden sind. Zum Vorschein kamen auch zerbrochene Trinkgefäße. Daraus kann man schließen, dass auch Trankopfer zu den Ritualen gehörten.

.bb. 3: Schlern, Kultplatz der Bronzezeit. In der Nähe der Fundstelle (Burgstall) sind im Schnee die Spuren einer großen kreisförmige Imfassung sichtbar (Durchmesser ca. 12 m).

Bronzezeitlicher Kultplatz auf dem Burgstall, Schlern

Der Peterbühl.
Die Häuser am südwestlichen Rand

Hausgruben der rätischen Häuser am südlichen Abschnitt des Hügels mit Buchstabenbezeichnungen

Haus R

Nach Albion ins Keltenland

Das Feuer

Als Norr die Peterbühl-Gemeinschaft verließ, war das Haus seiner Familie erst vor einem Mondzyklus abgebrannt. War es eine Unachtsamkeit gewesen, die dieses Unglück verursacht hatte? Oder war es der Wille der Göttin, dass seine Eltern und die jüngere Schwester beim Brand ihr Leben verloren? Sein Bruder, der Jüngste, war einige Häuser weiter auf der Nordseite zum Spielen gewesen und hatte die Katastrophe unbeschadet überlebt. Das betraf jedoch nur seinen Körper. In der Seele zeigte sich der Junge tief verwundet. Eine Tante hatte sich nach der Totenfeier des kleinen Eld angenommen. Es war ein Nachbar gewesen, der während der Nacht ins Freie gegangen war, um seine Notdurft zu verrichten. Da hatte er den aufblühenden Feuerschein bemerkt. Seine Schreie riefen die Bewohner der umliegenden Häuser zusammen. Die Göttin hatte die gesamte Landschaft mit Schnee bedeckt. Damit konnte die fürchterliche Feuersbrunst, die sich in Windeseile durch die hölzernen Balken fraß, gelöscht werden. Eltern und Schwester hingegen hat Rait, deren Willen man oft beim besten Willen nicht begreifen konnte, nicht verschont. Sie waren im giftigen Atem des dunklen Gottes der Unterwelt zu Tode gekommen, und mit ihnen ihr gesamtes Hab und Gut. Ein großes Wehklagen schallte durch die Gemeinschaft, und gleichzeitig war große Erleichterung da, dass die übrigen Häuser am südlichen Rand verschont geblieben waren.
Die Totenfeier wurde des Abends auf der kleineren Anhöhe am Fuß des Hügels begangen. Die Peterbühl-Gemeinschaft hatte sich trotz der eisigen Kälte geschlossen eingefunden. Nachbarn, Freunde und Verwandte standen in düsterer Trauer vor dem Holzstoß, aus dem gelbe Flammen züngelten. Nach der Verbrennungszeremonie

und der Ablage der Opfergaben wandte sich der Priester direkt an die versammelte Gemeinde:

„Wir haben durch göttlichen Willen drei Mitglieder unserer Gemeinschaft verloren. Die Göttin mit dem leuchtenden Auge hat das geschehen lassen, wer weiß, womöglich sogar gewollt.“ Das weiße Gewand des Priesters leuchtete im verdämmernden Schein des Feuerkastens blutrot auf. Während die Verwandten die verkohlten Überreste des Leichenbrands in ein Tongefäß füllten, schauten die Versammelten zum Bogen der Götter hinauf. Rait's Auge verstrahlte blendendes Licht.

„Wir müssen uns eines fragen“, fuhr der Priester mit erhobener Stimme fort. „Warum hat die Göttin gerade dich, Norr, und den kleinen Eld verschont? Warum hat sie euch nicht für würdig befunden, mit euren Eltern gemeinsam den dunklen Fluss zu überqueren?“

Murmeln in der Menge. Norr hatte die Totenfeier mit dem kleinen Bruder an der Hand wie versteinert mitvollzogen. Er wurde plötzlich ganz ruhig. Er begriff, worauf der Priester hinauswollte. In der Menge war eine aufsteigende Unruhe zu verspüren. Es war ausgerechnet ein Nachbar, Agun von den nördlichen Häusern, der sich nun zu Wort meldete, einer, der bei Norr's Vater größere Schulden hatte, wie Norr wusste.

„Seien wir uns über eines klar: Es kann gut sein, dass Norr selbst das Feuer gelegt hat! Ich habe des Öfteren Streit im Haus des Ano gehört! Und Norr, das kannst du ruhig zugeben! Du hast erst gestern Abend im Haus herumgeschrien und deine Mutter, die tote Eja, aufs Ärgste beschimpft! Und ich habe deinen Vater brüllen hören!“

Norr schwieg verdattert. Nicht nur, dass er Eltern und Schwester verloren hatte. Nun musste er sich auch noch vor versammelter Menge die dreiste Lüge dieses Nachbarn anhören! Der kleine Eld verkrampfte seine Hand in der des großen Bruders und schluchzte leise. Der böse Agun hat seinem Bruder böse Worte gesagt! Der Priester wies eine Frau, die neben ihm stand, an, das Kind zu seiner Tante zu bringen. Sie musste ihn förmlich von Norr losreißen. Eld weinte laut auf. Auf dem felsigen Boden breitete sich zwischen seinen nackten Beinen eine kleine Lache aus. Dampf stieg in die kristallklare, kalte Luft.

Norr's Schicksal war aufgrund der Anschuldigung besiegelt. Er wurde von zwei Männern der nördlichen Häuser in die Hütte der Ahnen geschafft, wo er bis zum nächsten Tag verbleiben musste. Danach würde im Rat der Älteren beschlossen werden, was mit ihm, der vor der Göttin in Ungnade gefallen war, weiter geschehen würde. Norr ließ sich ohne Gegenwehr abführen. In der Halle der Ahnen setzte er sich vor dem Götterbild mit den zwei Gesichtern nieder. Er wusste, was kommen würde. Er würde mit großer Sicherheit hinüber zur Rungg-Gemeinschaft gebracht werden und bei der nächsten Opferfeier sein Leben verlieren.

Norr's Flucht

Norr lag auf dem nackten Fußboden und versuchte einzuschlafen. Dann würde er alles vergessen. Seine Eltern und seine Schwester waren tot. Er vernahm den Atem des Abendwindes, der wie jeden Abend um den Hügel strich und im Norden in ein klagendes Wimmern überging.

Da spürte er mit einem Mal, wie ein sanfter Hauch an seinem Wollkleid zupfte und ihn empor trug, weiter und immer weiter durch die kleinen Lichter bis hin zur Göttin, deren Auge weit geöffnet war. „Was hast du getan?" Rait's Stimme dröhnte in seinem Kopf und schien durch den unendlichen See der kleinen Lichter zu hallen. „Norr,

Norr. Deine Mutter klagt dich an. Dein Vater klagt dich an. Deine Schwester klagt dich an." Norr durchfuhr ein eisiger Schrecken. „Du hast sie verraten und getötet! Ich entziehe dir meinen Schutz. Ich werde dich verfolgen, bis dich der Düstere Herrscher zu sich ruft."

Ein geflüstertes „Norr, Norr, wach auf!", holte ihn aus dem fürchterlichen Traum. „Ich bin's, Mert, dein Freund!" Norr setzte sich schweißgebadet auf. Die Säule der Götter mit den beiden Gesichtern glänzte in mattem Licht. „Mert?" Norr tastete sich an die hölzerne Wand heran. „Mert?"

„Norr, ich bin da, dich hier herauszuholen!" Er wartete, bis die Schritte des Mannes, der die Hütte der Ahnen bewachte, sich entfernt hatten. Der Wind hatte sich gelegt. Es war totenstill und bestimmt schon mitten in der Nacht. „Mert, mein Freund", flüsterte Norr niedergeschlagen. „Wie denn? Wie willst du mich befreien? Da ist doch dieser Wächter der nördlichen Behausungen, der die Hütte bestimmt nicht aus den Augen lässt." „Ich weiß es besser", flüsterte Mert nun etwas lauter. „Deine Wache ist hinunter zum Feuer, um sich aufzuwärmen. Die Kälte verschafft uns einen Vorteil! Du kannst verschwinden." Norr drückte die Tür vorsichtig, um kein Knarren auszulösen, nach außen und umarmte seinen Freund. Der hatte neben einem Stück Fladenbrot ein Gefäß mit glimmender Kohle und eine Fackel bei sich. „Lauf, Norr", sagte er. „Norr, mein Freund, bring dich in Sicherheit! Wenn du hierbleibst, bist du des Todes. Ich habe meinen Vater belauscht, der mit einem vom Rat gesprochen hat. Agun war auch mit dabei. Er macht dich für den Tod deiner Eltern und deiner Schwester verantwortlich. Wir alle anderen wissen, dass du unschuldig bist! Aber gegen den Rat kommen wir nicht an. Komm nun, geh!"

Norr war erleichtert. Es gab Menschen in der Gemeinschaft, die an seine Unschuld glaubten! Er dankte seinem Freund, umarmte ihn flüchtig und machte sich auf den Weg über den Hügel hinunter in die Ebene, wo die Getreidefelder standen. Dort zerrieb er einige vertrocknete Getreidestängel, die er ertasten konnte, legte sie in die Schale und blies vorsichtig in die Glut. Eine kleine gelbe Flamme sprang auf und fraß sich durch den trockenen Zunder. Nun war er weit genug von der Gemeinschaft entfernt, dass er die Fackel entzünden konnte. Schritt für Schritt bahnte er sich einen Weg bis zum Saumpfad, der hinunter in die Ebene des Isark führte. Das Rauschen wurde immer lauter, je tiefer er hinunterkam. Da wurde ihm bewusst, dass er sich in einem Gelände befand, wohin er noch niemals einen Fuß gesetzt hatte. Er wusste aus Schilderungen des Erzhändlers, der den Schmied mit Kupfer- und Eisenerz versorgte, dass es dort unten, dort, wo er jetzt war, eine Handelsstraße gab, die zu anderen Siedlungen führte, die teils viel, viel größer waren als die Peterbühl-Gemeinschaft, wo er zuhause war. Nein, dachte er. Dort bin ich nicht mehr zuhause. Die Gemeinschaft hat mich verstoßen. Und meine Eltern, meine Schwester sind tot.

Norr konnte die breite Straße, auf der angeblich Wagen fahren sollen, mehr erahnen als sehen. Rait, die Göttin, hatte ihm nicht nur ihren Schutz, sondern auch ihr Licht entzogen und ihr leuchtendes Auge vor ihm verschlossen. Der Schein der Fackel reichte nicht aus, um die weitere Umgebung auszuleuchten. So suchte er sich tastend eine geschützte Stelle unter dichtem Gebüsch und legte Holzstückchen in die Feuerschale. Dann drückte er die Fackel in den Boden und rollte sich zusammen. Schließlich schlief er, erschöpft von diesem Tag, der so viel Unheil über seine Familie gebracht hatte, ein.

Eppo, der Kupferhändler

Ein Hund, der einem Maultierwagen begleitete, fand den schlafenden Jungen und stieß ihm mit seiner feuchten Schnauze ins Gesicht. Als Norr die Augen öffnete und sich aufrichtete, fuhr der Hund mit einem erschrockenen Bellen zurück. Der Wagenlenker hielt sein Maultier an und stieg vom Wagen, neugierig, was sein Hund aufgetrieben hatte. Ein von struppigem Haar umgebenes Gesicht, aus dem listige, freundliche Augen blitzten, begutachtete den Fund. „Was bist denn du für einer", fragte der alte hagere Mann. „Bist du etwa ausgerissen?" Er war einer der Kupferhändler, die das Erz von der anderen Talseite zur Peterbühl-Gemeinschaft brachten. Im Schein einer Fackel, die er mit sicheren Bewegungen entzündete, blickte er dem Jungen prüfend ins Gesicht. „Junge, ich kenne dich! Na so was!" Er war auf dem Weg zu einer Gemeinschaft in der großen nördlichen Ebene, in der die beiden Flüsse ineinanderflossen, der Rionz aus dem Land der Kelten und dieser da, der hinter ihnen rauschte, der Isark. Nach kurzem Gespräch war der Alte, der ein gutes Herz zu haben schien, bereit, den Jungen mit sich zu nehmen. Norr wollte weg, nur möglichst weit weg, auch wenn er nicht wusste, wie es in der Fremde weitergehen sollte.
Der Tag brach an. Der Alte zeigte sich überaus gesprächig. Norr erzählte ihm nach anfänglichem Zögern seine ganze Geschichte, die der Kupferhändler mit einem ständigen „Na so was, dass das nur möglich ist!", kommentierte. Er schien ganz auf Norr's Seite zu sein. Nach einer langen äußerst holprigen Fahrt und immerwährendem guten Zureden an die Adresse des Maultiers, das auch schon bessere Tage gesehen hatte, kamen sie irgendwann am Nachmittag in der wehrhaften Stufels-Gemeinschaft an.

„Warte", sagte der alte Händler, bevor Norr klopfenden Herzens vom Wagen steigen und die Älteren der Gemeinschaft aufsuchen wollte. „Warte, Norr aus Peterbühl, Junge." Norr blieb sitzen, und umklammerte Fackel und Glutgefäß, die ihm als einziger Besitz geblieben waren. Norr schaute den Alten fragend an. „Du weißt nicht wohin, stimmt's? Und du hast Angst davor, dass dich die Stufels-Gemeinschaft genauso wenig haben will wie deine?" Norr nickte betrübt. „Ich habe da einen Vorschlag, Norr vom Peterbühl. Vielleicht bist du der Richtige dafür. Aber eine wirkliche Wahl hast du ohnedies nicht, nicht wahr?" Als Norr sagte, er sei zu allem bereit, er wisse ja nicht einmal, wie er zu einer Mahlzeit kommen könne, da eröffnete ihm Eppo, der Alte, dass er einen Begleiter für seinen Zinntransport suchte. Ohne Zinn keine Bronze. „Ja", sagte da Norr. „Ich weiß. Ich habe auf dem Peterbühl manchmal beim Bronzegießen geholfen." „Du musst aber wissen", sagte Eppo lauernd, „dass das Zinn nicht um die Ecke zu haben ist. Wir holen es in einem fernen Land mit dem Namen Albion. Es liegt weit im Norden. Um Albion zu erreichen, muss man auf einem schwimmenden Karren ein großes Wasser überqueren. Das ist nicht ungefährlich. Nein. Ganz und gar nicht sogar." Norr überlegte, während der Alte das Maultier zwischen den langen Ohren kraulte und den Jungen prüfend von der Seite musterte. „Ich habe nichts zu verlieren. Ich bin auf mich allein gestellt." Er dachte nach und fügte hinzu: „Und überhaupt bin ich neugierig auf alles, was ich nicht kenne." Eppo schien zufrieden. „Ich hoffe, du hältst auch etwas aus", meinte er nur. „Ich habe das Mannbarkeitsritual geschafft", meinte Norr stolz. „Das ist wohl Beweis genug." Der Alte klatschte sich vergnügt auf die Oberschenkel und sagte aufgeräumt: „Dann sind wir handelseins, oder?"

Norr, dem wegen dieser neuen Aussicht der Mut zurückgekehrt war, fasste sich ein Herz und wagte nun, den Händler zu fragen: „Springt eigentlich etwas für mich heraus, wenn ich mit auf die Fahrt gehe? Die ist ja, wie du gesagt hast, nicht ungefährlich."

Der Alte schien diese Frage erwartet zu haben und grinste breit: „Wenn du nicht danach gefragt hättest, hätte ich dich für diese Aufgabe gar nicht genommen! Dann hättest du nämlich nur deine Flucht im Sinn gehabt und wärst bestimmt abgehauen, sobald sich eine Gelegenheit ergeben hätte." Er schlug Norr auf die Schulter, dass er sich krümmte. „Gut, mein Junge! Und ja. Wenn ihr mit heiler Haut hierher zurückkommt, kannst du so viel vom Zinn behalten, wie du in deinen beiden Händen Platz hast. Also schau, dass du ins Wachsen kommst! Leg dir ordentliche Schaufeln zu!" Er lachte, und dann lachten sie beide und auch das Maultier schien sich am Spaß zu beteiligen.

Der Verdacht

In der Stufels-Gemeinschaft bot der Alte Norr, dem schon längst der Magen bis zum Hals hinauf knurrte, quasi als Anzahlung ein ganzes Fladenbrot und ein Stück geselchtes Wildschweinfleisch an, das er mit großem Appetit in unglaublicher Geschwindigkeit hinunterschlang. Gern hätte Norr diese Gemeinschaft, von der er schon so viel gehört hatte, näher kennen gelernt. Eppo hielt es aber für besser, dass Korr's Aufenthalt nicht allzu bekannt wurde. Es bestanden nämlich persönliche Kontakte zwischen diesen beiden Gemeinschaften. Es konnte allzu leicht sein, dass jemand von der Stufels-Gemeinschaft in Erfahrung bringen würde, dass Norr ausgerissen war. So beschränkte er sich darauf, seinen neuen Reisegefährten, mit dem er auf Fahrt gehen würde, kennenzulernen. Der alte Händler zeigte sich von einer ausgesprochen herzlichen Seite. Es war so, dass sich zwischen den Dreien in kurzer Zeit eine freundschaftliche Beziehung entwickelt hatte.

Enni, der neue Freund, war um einige Jahre älter als Norr, ein kräftig gebauter jungen Kerl, der auf seine strohblonde Mähne besonders stolz zu sein schien. Als Norr ihn irgendwann an diesem Abend damit aufzog, sagte er in bedeutungsvollem Ton: „Du wirst mir noch danken, mein lieber Norr! Wenn wir ins Keltenland kommen, fällst du mit deinem schwarzen Igelkopf auf wie ein bunter Hund! Meine kostbare Haarpracht", er warf sein Haar mit einer theatralischen Kopfbewegung nach hinten, „die binde ich zu einem Pferdeschwanz. Dann sieht man nicht schon auf den ersten Blick, dass ich kein Kelte bin. Meine Mähne hat mir schon manche Schererei erspart." Der Alte grinste in sich hinein. „Du musst wissen, Norr, dass unser braver Enni nun bereits das dritte Mal ins Land Albion zieht. Meine alten Knochen sind den Strapazen nicht mehr gewachsen. Da müsst ihr Jungen dran. Ihr beschafft das Zinn, ich das Kupfer, und ich liefere aus. So habe ich mir mein Alter vorgestellt!"

Die drei saßen in Enni's Hütte an prasselndem Feuer und unterhielten sich wie alte Kumpane. Jeder erzählte ein paar Geschichten aus seiner Vergangenheit. Als Norr an die Reihe kam und von seinem Schicksal berichtete, das ihn von der Peterbühl-Gemeinschaft weggetrieben hatte, hörten die beiden neuen Freunde schweigend zu. „Das mit diesem schrecklichen Brand, wie konnte das passieren?", fragte Enni. „Seid ihr denn so nachlässig gewesen? Wo doch ein Holzhaus neben dem anderen steht."

Bevor Norr etwas sagen konnte, meinte der alte Eppo: „Ich weiß nicht. Ich glaube, ich kenne deine Familie,

Norr. Ihr hattet doch diese noble Behausung am südwestlichen Eck mit der auffallend tiefen Unterkellerung? Deine Mutter hieß Eja, dein Vater, warte, Ano. Nicht wahr?" Norr war verblüfft. „Ich habe deinen Eltern schon einmal etwas geliefert, eine Bronzefibel mit geknotetem Bügel und eine Krebsschwanzfibel, glaube ich. Und auch ein paar Glasperlen. Dein Vater war ein wirklich spendabler Ehemann! Und ein freigebiger dazu!" „Ja", sagte Norr bedrückt.

Enni hörte nachdenklich zu. „Sind deine Eltern etwa ungewöhnlich wohlhabend gewesen? Ano und Eja. Ich glaube, diese Namen kenne ich aus Erzählungen hier in der Gemeinschaft". Norr bestätigte das und sagte: „Ich glaube schon. Manches Mal sind wir Kinder damit aufgezogen worden. Meine Eltern hatten einige Eisenwerkzeuge, die sie oft an die anderen Bauern verliehen. Und wenn sie eine Salzlieferung bekamen, schenkten sie ein paar Schalen voll an einige Ärmere in der Gemeinschaft." Er schaute ins Leere. „Aber das ist alles vorbei." Er stützte betrübt seinen Kopf in die Hände.

Eppo dachte nach. Dann fragte er, als sei ihm ein Verdacht gekommen: „Und, was ist mit eurem Besitz passiert?" „Das ist alles vom Feuer gefressen worden. Vielleicht geschmolzen oder so. Ich habe nichts. Rein gar nichts. Nur eine verkohlte Hausruine, zu der ich nicht einmal mehr zurückdarf. Die Gemeinschaft hat mich verstoßen." Dann fügte er hinzu: „Wenn nicht dieser Agun, der Nachbar, solche Lügen über mich erzählt hätte…" Der alte Händler blickte auf. „Agun, Agun", sagte er nachdenklich. „Ja, ich weiß schon! Dieser Agun ist einer von der ganz üblen Sorte. Ich hatte schon mit ihm zu tun!" Eppo war ungewöhnlich zornig geworden. „Da hört. Der hat mir einmal eine ganze Rolle Bronzedraht gestohlen. Da bin ich mir ganz sicher, das konnte nur er gewesen sein!" Eppo spuckte ins Feuer. „Aber er ist mit dem Rat der Älteren gut Freund. Dem passiert nichts, was immer er sich auch herausnimmt."

Das Maultier, das der alte Händler vor Eppos Heimathaus abgestellt hatte, machte mit lautem Wiehern auf sich aufmerksam. Enni sagte, er würde ihm einen Armvoll Heu vors Maul werfen. Und Eppo könne sich hier am Feuer schlafen legen. „Du natürlich auch!", sagte er an Norr gerichtet. „Das ist das Mindeste." Sie machten es sich nun auf dem mit Fellen ausgelegten Boden gemütlich. Etwas später kamen Enni's Eltern mit einer Fuhre Brennholz vom Wald zurück, unterhielten sich kurz mit den Anwesenden und legten sich nach einem kargen Abendessen zu den anderen. Enni hatte es übernommen, das Feuer in der Feuerstelle zu hüten und stand einige Male in der Nacht auf, um Holz nachzulegen.

Am nächsten Morgen wachte Norr von einem muntern Prasseln und Knistern auf. Enni hatte das Feuer aus seiner Nachtruhe geweckt, indem er es mit einigen trockenen Ästen fütterte. „Ich habe nachgedacht", sagte Norr, als alle am Feuer saßen und aus griffigen Tonbechern heiße Milch mit aufgeweichten Brotstückchen schlürften. „Ich möchte die Sache auf sich beruhen lassen", sagte er. „Ich weiß schon, was ihr denkt. Dass Agun das Feuer gelegt hat, um von seinen Schulden abzulenken. Das werde ich ihm aber nie beweisen können." Er schwieg und blickte die Versammelten der Reihe nach an. „Wahrscheinlich ist das so", meinte Eppo. „Und, was willst du in Bezug auf die wertvollen Eisenwerkzeuge unternehmen?" „Nichts", war die Antwort. „Der gesamte Besitz meiner Eltern ist unter Schutt und Asche begraben. Ich lasse Gras darüber wachsen. Wenn wir aus Albion zurück sind, schaue ich, die Sache zu regeln." Wie erwachsen der Junge doch geworden ist, dachte Eppo bei sich. Ich kenne den Jungen erst so kurz, und jetzt benimmt er sich wie einer von uns.

Nach Albion ins Keltenland

Sobald der Gott mit dem strahlenden Gesicht ein beträchtliches Stück am Gewölbe der Himmlischen emporgestiegen war, machten sich die drei Männer auf den Weg nach Süden. Dort am Ufer des Isark, wo eine Brücke den Fluss überspannte, befand sich Eppo's Lager. Kalter Nebel lag über dem Fluss. Alles schien in Eis erstarrt. Norr sah, dass sie sich beinahe wieder an der Stelle befanden, wo der Saumpfad hinauf zur Peterbühl-Gemeinschaft führte. Wehmut überkam ihn. Die Sehnsucht nach Eltern und Geschwister drückte auf sein Gemüt. Der alte Kupferhändler hatte dafür ein Rezept: Ablenken! „Seht mal", sagte er zu den beiden jungen Männern, die gerade sein Anwesen bestaunten und knetete die erfrorenen Finger. „Dort hinten, hinter der Hütte mit dem Feuerholz, stehen meine beiden Wagen." Tatsächlich erblickte Norr zwei beachtliche Karren, wie er sie in dieser Größe noch nicht gesehen hatte. Zur Peterbühl-Gemeinschaft war er mit einem viel kleineren Karren gekommen. Eiserne Ringe umspannten große Räder mit gedrechselten Speichen. Auf der Ladefläche befanden sich je zwei Pennen, die mit der Öffnung nach unten lagen, damit sie sich nicht mit Schnee füllten. Aus der Giebelöffnung einer Hütte mit gemauertem Fundament quollen Rauchschwaden, und im offenen Dachstuhl sah Norr den flackernden Schein eines offenen Feuers.
„Bevor ihr fragt", schmunzelte der Alte und stieg von einem Bein auf das andere, um der Kälte Herr zu werden. „Mein Knecht sorgt dafür, dass es immer schön warm ist. Und er versorgt meine Maultiere." Der Knecht entpuppte sich als großer, knochiger Mann, der bestimmt schon fünfzig Sonnenzyklen auf dem Buckel hatte. Trotz der Kälte kam er mit unbedeckten Beinen und Armen aus dem

Stall und fuhr das Gespann mit dem Maultier, aus dessen Nüstern Dampfschwaden quollen, hinters Haus. Die drei betraten einen großen Raum, in dessen Mitte ein lustiges Feuer flackerte, das sie schon von außen wahrgenommen hatten. Ein Schwenkarm mit einem Kessel an langer Kette war über die Feuerstelle gedreht. „Mmmh", ließ der alte Händler vernehmen. „Gerstsuppe mit Selchfleisch!" Die Männer setzten sich händereibend auf flauschige Schaffelle nahe ans Feuer. Es war wohlig warm. Korr fühlte sich beinahe wie zuhause. Urr, der Knecht, zog die Tür hinter sich zu, nahm drei Schalen aus einem Wandregal und schenkte den erfrorenen Männern heiße, fettglänzende Suppe ein. Er selbst würde später essen, sagte er und beachtete den unbekannten Besucher so gut wie gar nicht. Enni kannte er ja bereits und bedachte ihn mit einem wohlgefälligen Grunzen.

Dann begann das große Plaudern. Enni, der nun langsam auftaute, wurde überaus gesprächig. Die blonde Mähne flog hin und her, und sein Schlürfen war auch nicht von schlechten Eltern. „Du fragst dich bestimmt", sagte er und schaute seinen neuen Weggefährten direkt ins Gesicht, „warum wir gerade jetzt im Winter auf die Fahrt gehen." Er rülpste und wartete gespannt auf Korr's Antwort. Der schaute ihn nur fragend an. „Wir kommen durch unwegsames Gelände", sagte er und puhlte mit dem Zeigefinger letzte Fleischreste aus der Schale. „Wenn sich die Göttin mit dem leuchtenden Auge zurückzieht und Etan die Tage länger werden lässt, kommen wir nie und nimmer über die ungezählten Bäche und Flüsse. Das wäre unmöglich." „Und da sind auch noch die Sümpfe", ergänzte Eppo. Er schien zu überlegen, entschloss sich dann aber doch, Korr eine weitere Hürde zu nennen. „Nun", sagte er und kippte den Bodensatz seines Essens ins Feuer. „Da sind auch noch die Kelten." Er machte eine Pause, um dann, heftiger werdend, zu ergänzen: „Etan, der Gott mit dem strahlenden Gesicht, versenge ihnen ihre Hintern!" Enni sah die fragende Miene seines neuen Freundes: „Hast du Erfahrung mit Kelten?" Nein, keinerlei. Den Namen kannte er aber schon. Jedermann hatte Respekt vor ihnen. Er wusste nur das. „Die Kelten sind ohne ihre Pferde arme Schlucker! Man weiß nicht einmal, ob die überhaupt imstande sind, mehr als ein paar Dutzend Schritte zu Fuß zu gehen." „Gesehen hat das jedenfalls noch keiner", spottete Eppo.

Der Knecht kam herein. Ein eisiger Luftzug drang mit ihm in den gemütlichen Wohnraum. Korr merkte, dass die Beiden mit etwas zurückhielten, was er wohl wissen sollte. „Lustig ist das mit den Kelten nicht", sagte Enni schließlich. „Aber in der finsteren Jahreszeit unternehmen sie keine Feldzüge. Das ist gut für uns. Und überhaupt," setzte Enni verschmitzt hinzu, „ich habe eine Geheimwaffe". „Ein Eisenschwert?", fragte Korr und sah sich suchend im Raum um. „Oder eine besondere Lanze?" Der Alte lachte. Auch der Knecht verzog sein braun gegerbtes Gesicht und ließ einige gelbe Zahnstummeln sehen. „Götterbilder", sagte Enni mit gekünstelt würdevoller Stimme. „Wir ziehen ja durch Keltengebiet, und das so gut wie ausschließlich. Aber weil die Kelten nicht einmal imstande sind, sich auf gemeinsame Götter zu einigen, habe ich einen Satz Stammesgottheiten im Gepäck." Er schaute Beifall erwartend in die Runde. Eppo und der Knecht wussten, was kommen würde. Also wandte er sich direkt Korr zu: „Je nach Bedarf hole ich die passende Gottheit heraus und binde ihn, oder sie, dem Maultier vorne an die Stirn. Das hat noch immer hingehauen!" Als Korr, der Wohlerzogene aus besserem Haus, schüchtern wissen wollte, ob es die Götter nicht übel nähmen, wenn er sie so respektlos behandelte? „Also, Götterbilder auf ein Maultier binden, ich weiß nicht…"

„Ach was", mischte sich der Alte ein, „den Kelten ihre Götter, die zählen nicht. Die haben sie erfunden, um auch ein paar zu haben und vor uns anderen nicht ohne dazustehen! Da, Korr, höre mal: Einen haben sie mit einem Hirschgeweih, Cernunnos heißt der. Ein anderer kommt mit einem Feuerrad daher. Wie heißt der?" „Taranis." „Und der mit dem Musikinstrument?" „Teutates. Teutates heißt der." „Manches Mal sieht man ihn auf ihren Ritzbildern auch mit einem Wildschwein. Ein Gott mit einem Wildschwein! Wenn schon, dann ist das respektlos!" Enni hielt wenig von den keltischen Göttern. „Und da gibt es noch Dutzende andere: Andastra, Artio, Belisama, Bonna, Dana, Danu, Epona, Rosmerta und und und. Je nachdem, wo du dich gerade aufhältst. Aber mit diesen drei: Cernunnos, Taranis und Teutates kommt man normalerweise recht gut durch. Die anderen, die ich auch mit dabeihabe, schiebe ich dann vor, wenn ich genau weiß, wo wir uns befinden." „Nur gut, Enni, dass du ein paar Brocken Keltisch sprichst", murmelte Korr. „Das heißt nicht allzu viel. Die sprechen nach jeder Tagesreise irgendwie anders. So ein Chaos ist das."

Für heute hatten die Männer genug. Sie streckten sich auf den Fellen aus und legten sich schlafen.

Tags darauf saßen die Drei wieder beim Herdfeuer zusammen und tranken heißes Wasser mit eingebrocktem Fladenbrot. Der Knecht war schon am Fluss gewesen und hatte von dort einen Eimer Wasser mitgebracht. So konnten sie sich vor der Hütte mit dem eisigen Nass den Schlaf aus Augen und Gesicht waschen. Eppo nahm auch noch den Oberkörper mit dazu. Die Uferstreifen entlang des Flusses waren mit herrlich glitzerndem Raureif bedeckt. „Wir werden euch genügend Felle einpacken. Und Proviant natürlich. Geselchtes, Fladen und eine Kiste Hühner", sagte er. „Aber da ist natürlich noch etwas anderes: Die Tauschware! Ohne Tauschware werden uns die in Albion wohl kaum ihr Zinn überlassen." „Wir machen das wie letzte Mal", schlug Enni vor. „Wir binden die Tauschware, die gebogenen Eisenstäbe, unten an den Wagen. Da hat bislang noch keiner nachgeschaut. Die steigen ja nicht von ihren Gäulen! Und zur Tarnung verweisen wir auf die Hühner. Falls ein Trupp Kelten kommt um zu nerven, sagen wir, wir sind Hühnerhändler." „Die müsst ihr halt dann solange am Leben lassen", lachte Eppo, der Alte.

Irgendwann kam die Zeit des Aufbruchs. Korr's Augen wanderten die weißen Hänge hinauf, dorthin, wo die Peterbühl-Gemeinschaft sein musste, und verabschiedete sich in Gedanken von den geliebten Toten und vom kleinen Eld, der es bei seiner Tante bestimmt gut hatte. Ob er auch manches Mal an seinen großen Bruder dachte? Dem bösen Nachbarn schickte er Balor hinterher, den keltischen Gott des Todes. Seine Gemeinschaft hatte nämlich keine passende Gottheit, die ihm ordentlich einheizen konnte, und über die keltischen wusste er nun ja bestens Bescheid.
Die beiden Wagen waren bereit, die Maultiere angespannt. Weißer Dampf kam stoßartig aus ihren Nüstern. Sie schienen unter der Kälte aber nicht zu leiden. Die Fahrt sollte erst nach Süden gehen, dann den Fluss Athesis entlang weiter nach Sonnenuntergang.

Damit verlor sich die Spur der beiden wagemutigen Zinnhändler im kalten Nebel.

Haus R:
Fundort von 30 Objekten. Unter anderem 2 Lanzenspitzen, 4 Eisenmesser, 4 „Eimerhenkel", weitere Eisengeräte, eine
Schöpfkelle, ein Schlüssel aus Eisen, Teil einer Drehmüh-
le (siehe Bild), 5 teils unvollständige Fibeln aus Bronze

Haus R

Das Haus am südlichen Eck der späteren Umfassungsmauer besaß eine besonders tiefe Unterkellerung von beinahe zwei Metern. Da es über dem gemauerten Erdgeschoß ein weiteres Stockwerk in Holzbauweise gegeben haben dürfte, verfügte es über eine ungewöhnlich große Wohnfläche.

Man könnte durchaus annehmen, dass die Bewohner dieses Hauses wohlhabend gewesen sind. Darauf weist jedenfalls eine größere Anzahl von Metallgegenständen hin, die im Brandschutt gefunden worden sind:

Ein kleiner Spitzhammer, eine eiserne Schöpfkelle, ein Rebmesser, zwei Eisenmesser, zwei Lanzenspitzen, ein Eisenring, eine eiserne Hacke, vier so genannte Eimergriffe, von denen keiner weiß, was sie eigentlich waren. Das nur, um nur einige zu nennen. Zudem kamen Fibeln, Glasperlen und andere Bronzeteile ans Tageslicht. Alles in allem ein reicher Fund!

Zwei Handmühlen zum Vermahlen von Getreide stammen aus sehr unterschiedlichen Zeiten.

Es ist anzunehmen, dass dieses Haus mindestens einmal, wahrscheinlich aber sogar mehrere Male, ein Raub der Flammen geworden ist.

Haus S

Orr, der verkaufte Krieger

Orr, der Krieger, kam gerade von der Hütte der Ahnen zurück. Er hatte die Säule mit den beiden Gesichtern gedreht, so, dass ihm Etan's Hälfte, das Gesicht des Gottes mit dem strahlenden Licht, direkt zugewandt war. Schild und Speer hatte er, wie es Vorschrift war, vor dem Heiligtum abgelegt wie auch seine Ledersandalen. Barfüßig stand er vor dem Standbild und nahm eine gebückte Haltung ein. „Dank!", kam es aus rauer Kehle. „Schtorr, oh strahlender Etan! Dank, dass du mein Leben verschont hast, mein Leben und das meines Kameraden." Er setzte das Fettlicht, das sich in seinen kräftigen Händen winzig und schutzbedürftig ausnahm, vor der Säule auf den Boden. Etan, der Mächtige, schien wohlgefällig zu lächeln. „Dank, Etan, Mächtiger, dass du die Gemeinschaft beschützt hast. Dank, Ethan, Größter, dass du Gefahr abgewendet hast von meiner Frau und meinen Kindern." Er verharrte eine Zeit lang in demütiger Stellung, ehe er, sein Gesicht dem Gott zugewandt, rücklings die Hütte der Ahnen verließ.

Als er mit müden Schritten seiner Behausung im südlichen Abschnitt der Peterbühl-Gemeinschaft zustrebte, grüßte ihn einer der Kameraden, der auf dem hölzernen Turm Wache hielt, mit einem lauten „He Orr, welches Glück, dass ihr gesund zurückgekommen seid!" Orr grüßte müde nach oben, ging zum Winkelgang, der zu seinem Haus führte und stellte vor dem Eingang Schild und Speer an die Wand. Er griff nach dem eisernen Haken, der am Türrahmen hing, und zog die Tür auf. Wärme schlug ihm von der Feuerstelle entgegen, während er eintrat, die Tür zuzog und den Haken an die Wand hängte. Die beiden Kinder, die ihren Vater kommen hörten, stürmten auf ihn zu und hefteten sich an seine Beine. Er nahm sie nacheinander auf die Arme und drückte sie zärtlich an die Brust. Seine Frau wartete ab, bis er die Kinder auf den Boden gestellt hatte. Dann kam sie auf ihn zu, eine großgewachsene, starkknochige Frau mit einem Gesicht, das von einer Pracht schwarzer Haare umflossen war. „Du bist ohne Verletzung, Orr?", fragte sie und musterte ihn von oben bis unten. Als sie seinen rechten Arm grüßend mit ihren Händen umschloss, fiel ihr eine lange Schnittwunde auf. Sie schien jedoch zum Glück nur oberflächlich zu sein. Orr wusch sich in einer Tonschüssel das Gesicht und setzte sich zu Ada ans Feuer, während die beiden Kinder ein Ratespiel mit Holzstäbchen spielten. Der Ziehvater war wieder da! „Erzähle", forderte ihn die Frau auf. „Es geht in der Gemeinschaft die Rede, dass es unten beim Isark einen Zusammenstoß mit Eindringlingen gegeben hat. Komm, erzähle."

Der unterbrochene Handelsweg

Es ging um den Kupfertransport von der anderen Talseite her zur Peterbühl-Gemeinschaft. Die Öfen des Kupferschmieds standen schon seit etlichen Überläufen des Gottes mit dem strahlenden Gesicht kalt, da kein Erz mehr eintraf, das der Meister hätte verarbeiten können. Zudem stockte auch die Anlieferung von Zinn. Der erwartete Maultierzug aus dem Keltenland war seit zwei Mondzyklen überfällig und niemand glaubte mehr, dass es sich um eine bloße Verzögerung wegen Hochwassers oder anderer wetterbedingter Ereignisse handelte. Nun war es so, dass keine Fibeln und andere Schmuckgegenstände mehr produziert wurden. Kupfer von der anderen Talseite wurde bisher verlässlich geliefert, und über einen aufwendig in Schuss gehaltenen Transportweg trafen am Fluss regelmäßig Zinn aus Albion und weißes Salz aus dem Keltenland ein. Eppo, der alte Händler auf der Talebene des Isark sorgte zuverlässig für Nachschub. Dadurch konnten die Peterbühl-Gemeinschaft, die von Rungg-Gschlier mit dem so begehrten Rohstoff für die Bronzeherstellung beliefert werden.

Bis jetzt.

Waffen und Werkzeuge wurden immer öfter aus dem neuen blau schimmernden Metall, dem Eisen, hergestellt. Eisen rostet im Gegensatz zu Bronze jedoch und musste regelmäßig mit Rinderfett eingeschmiert werden. Dieses seltsame neue Metall bot bei Waffen und Werkzeugen unschlagbare Vorteile. Damit konnten Steine viel leichter gebrochen werden, und Lederpanzer waren den eisernen Lanzenspitzen nicht gewachsen. Trotzdem hatte die Bronze, eine Mischung aus neun Teilen Kupfer mit einem Teil Zinn, noch längst nicht ausgedient. Wegen ihres goldenen Glanzes war sie der begehrte Werkstoff für Beschläge aller Art. Fibeln und andere Schmuckgegenstände wurden niemals aus Eisen gefertigt, sondern aus Bronze gegossen oder gehämmert. Aus Bronze bestanden zumeist auch Kübel, Kessel, Kannen. Auch bei religiösen Festen war Bronze der Werkstoff, den die Götter wegen seiner Färbung für die Weihegeschenke bevorzugten.

Die Peterbühl-Gemeinschaft hatte ein Handelsnetz zu benachbarten Gemeinschaften aufgebaut. Seitdem die Lieferung der Rohstoffe unterbrochen war, war der gegenseitige Warenaustausch zum Erliegen gekommen. Die Peterbühl-Gemeinschaft litt an einem Mangel an Rinderfett und Getreide, das auf dem Mittelgebirge, wo nur kleinere Flächen gerodet waren, nur mehr in einer unzureichenden Menge erhältlich war. Es war also überlebenswichtig, dass die Transportwege gesichert waren und der Warenaustausch fließen konnte. Die Peterbühl-Gemeinschaft lieferte im Gegenzug Wildhonig, Felle,

Wildfleisch, Nutztiere sowie verarbeitete Schafwolle. Manches Mal aber auch Sklaven, Gefangene von Eindringlingen, die immer wieder aus dem Norden in die Gemeinschaften einfielen.

Orr war sich seiner wichtigen Rolle bewusst. Als Krieger schützte er mit seinen Kameraden die Gemeinschaft und sicherte ihr ein ungestörtes Leben. Die Peterbühl-Gemeinschaft verfügte über eine kleine aber mit Eisenwaffen gut ausgerüstete Streitmacht von acht Männern. Orr hatte von Adas Vater zwei Lanzenspitzen zum Geschenk erhalten. Da sich die Krieger vor allem dem Kriegerhandwerk widmeten, konnten sie auch nicht in der Hauptsache landwirtschaftlich tätig sein. In ruhigen Zeiten beschäftigten sie sich mit militärischen Übungen, oder sie halfen bei der Feldarbeit mit. Dafür versorgte sie die Gemeinschaft mit allem zum Leben Notwendigen. Morgen würden sechs der acht Männer einen Sicherungsfeldzug auf die andere Talseite unternehmen. Es wäre doch gelacht, wenn man die Überfälle auf die Transportkarren nicht ein für alle Mal beenden konnte!

Orr erzählt

Orr hatte sich seinen verletzten Arm von einer heilkundigen Frau im Haus der Schamanin, in Haus Q, versorgen lassen. Nun saß er mit seinen beiden Kindern gemütlich am knisternden Feuer. Währenddem er mit dem kleinen Schleifstein die Lanzenspitze schärfte, erzählte er von seinen Erinnerungen in einem fernen Land.

„Ihr wisst ja, Kinder, dass ich nicht hier von der Peterbühl-Gemeinschaft stamme. Das habe ich euch schon erzählt." „Nein", widersprach Are, die Jüngere, „Mutter hat das erzählt." „Und sie hat gesagt", fuhr Bor, der Ältere fort, „dass deine Geschwister und deine Eltern, dass sie alle tot sind." Orr setzte den Spieß ab und legte den Schleifstein beiseite. „Ich war sechzehn Jahresläufe alt", sagte er. „Ein Händler aus diesem Dorf, Eppo, den kennt ihr ja, hat mich hierhergebracht. Er hat gesagt: Junge, wir finden schon ein Plätzchen für dich."

Orrs Frau, die gerade vom oberen Stock, wo ihre Eltern untergebracht waren, herunter ans Feuer kam, hatte das Gespräch mitangehört: „Sag es nur grad heraus! Die Kinder sind alt genug, um es zu erfahren." Orr drehte seiner Frau sein bärtiges Gesicht zu. „Vermutlich hast du recht". Er wandte sich wieder an die Kinder: „Are, Liebe, du bist elf Jahreszyklen alt." „Genau", sagte sie stolz. „Und du, Bor, warte mal, du dreizehn. Im nächsten Zyklus hast du ja schon deine Mannbarkeitsprüfung. Ich glaub's nicht. Wie die Zeit vergeht." „Orr!", sagte Ada. „Sag's ihnen." „Ja, eure Mutter hat recht. Hört."

Orr hub langsam zu erzählen an. Seine Stimme war ungewöhnlich ernst. Er erzählte den Kindern, wie der Händler ihn aus der Gemeinschaft im Süden geholt hatte, um ihm hier ein sicheres Zuhause zu verschaffen. Wie er, Orr, noch immer nicht glauben konnte, dass die Hütte seiner Eltern als eine der ersten mit einem Hagel von Brandpfeilen eingedeckt wurde. Sein Vater und sein Bruder hatten zu den Kriegern gehört mit der Aufgabe, die Gemeinschaft zu beschützen. Wie er miterleben musste, dass sein Vater von den Angreifern niedergehauen wurde und sein Bruder beim Versuch, die Mutter aus dem brennenden Haus zu holen, zusammen mit ihr von herabstürzenden Balken erschlagen wurde. Die Behausungen der Gemeinschaft wurden dem Erdboden gleichgemacht. Die wilde Horde stimmte ein Geheul an, ritt auf ihren struppigen kleinen Pferden durch die brennende Siedlung und richtete unter allen, die nicht flüchten konnten, ein Blutbad an. Nur wenige von der Gemeinschaft konnten sich in den angrenzenden Wald retten. Als die Horde die Siedlung geplündert hatte, stürmte sie wild johlend davon und verschwand hinter den umliegenden Hügeln.

Zögernd kamen die Überlebenden aus dem Wald und versammelten sich unter Weinen und Wehklagen vor ihrem verwüsteten Dorf. Drei vom Rat der Älteren waren am Leben geblieben, einer von ihnen blutete aus einer Kopfwunde und musste beim Gehen gestützt werden. Die Älteren erkundigten sich über die Verluste. Von den sechsundvierzig Mitgliedern der Gemeinschaft waren vierzehn niedergemetzelt worden. Vier weitere waren zum Teil schwer verwundet. Eine Katastrophe! Hatte die Gemeinschaft die Götter so schwer erzürnt? Eppo, der Händler aus dem Norden, hat sich mit seinem Maultierkarren retten können. Orrs Verwandtschaft nahm sein Angebot, den Jungen mit sich in eine nördliche Gemeinschaft zu nehmen, teilnahmslos zur Kenntnis.

Soweit Orr's Erzählung.

Die Kinder hatten stumm zugehört und schauten ihren Ziehvater mit großen Augen an. „Das ist noch nicht das Ende der Geschichte", sagte Ada und strich ihrem hünenhaften Mann, der nun vor dem Feuer saß, elendiglich wie ein kleiner Junge, tröstend durchs Haar. „Der Händler hat Orr an unsere Gemeinschaft – verkauft. Das ist die Wahrheit, Kinder."

Die Kinder wussten schon, dass manches Mal Menschen gekauft und verkauft wurden. Dass ihr Ziehvater dazu gehörte, das war ihnen neu. Ihr Ziehvater – ein Gekaufter? „Ist dir denn nichts von deiner Gemeinschaft geblieben? Kein Andenken von deinen Eltern oder so was?", fragte Are mitfühlend. Orr sah sie an. Seine Augen waren traurig. „Du weißt ja, Are, das Tuch", sagte er müde. Die Kinder wussten, dass sie nicht an Orrs Waffen durften, und auch nicht an das Tuch. Das mit den Waffen, das verstanden sie, auch Bor. Die Zeit würde bald kommen, da er selbst Waffen führen durfte. Aber das mit dem Tuch, das fanden sie schon eigenartig. Bis heute.

Orr ging hinter die Feuerstelle zu seinem Schlafplatz und kam mit dem Tuch zurück. Er legte es beinahe liebevoll vor den Kindern auf den Boden. Neugierig schauten sie zu, wie er das geheimnisumwitterte Tuch behutsam, als handele es sich um einen verletzten Vogel, aufschlug. Zum Vorschein kam eine Tonschale unbekannter Art verziert mit einem seltsamen Muster. „Diese Schale hat mir Vater zur Mannbarkeitsfeier geschenkt. Das ist in der Sanzeno-Gemeinschaft so Brauch. Die Schale wird mich immerzu an meine Familie und an meine Gemeinschaft erinnern. Wenn ich zu den Schatten gehe, soll diese Schale zerschlagen und zusammen mit dem Leichenbrand in meine Urne gelegt werden. Das ist mein Wunsch."

Die Peterbühl-Gemeinschaft hatte den Jungen unter der Bedingung gekauft, dass er dem Handwerk seines Vaters hier in seiner neuen Heimat nachging. Damit würde er seine Schuld gegenüber der Gemeinschaft begleichen. Orr, dem keine Wahl blieb, hat zugesagt. Als Wohnstatt wurde ihm Adas Haus zugewiesen. Ada hatte ihren Mann vor nicht allzu langer Zeit bei einem Unfall verloren. Er war beim Fällen eines Baumes erdrückt worden. Ada stand mit zwei Kleinkindern ohne männlichen Schutz da. Ganz stimmte das nicht. Ihr Vater, der mit Großmutter mit im Haus wohnte, ging ihr bei der Feldarbeit zur Hand, soweit er dazu imstande war. Aufgrund einer Kampfverletzung am Knie war Urd's Arbeitskraft stark eingeschränkt. Er war ebenfalls Wehrmann gewesen, konnte wegen seiner Verletzung diesen Dienst jedoch nicht mehr versehen. Wohl aber schaffte er den Anstieg auf die Plattform des Holzturms, um dort Wache zu halten. So fühlte er sich weniger nutzlos und war seinen alten Kameraden nah. Alles was sich unten beim Isark abspielte, wurde von der Peterbühl-Gemeinschaft sehr genau verfolgt. Nur selten war etwas Gutes von unten gekommen, abgesehen von den Salz- und Erzlieferungen natürlich.

Ada, ihre Eltern und die Kinder mussten sich erst an Orr's Sprache gewöhnen. Sie konnten das, was der Junge sagte, nur zum Teil verstehen. Er zeigte sich aber ausgesprochen lernbereit und war auch sonst zuvorkommend und von freundlicher Art. Die Peterbühl-Gemeinschaft begann schon nach kurzer Zeit, ihn als einen der Ihren zu betrachten. Das Kriegerhandwerk hat er von seinem Vater und seinem größeren Bruder in der Sanzeno-Gemeinschaft kennengelernt. Er verstand sich trotz seines jugendlichen Alters ausgezeichnet auf das Bogenschießen, und im Speerwurf war ihm kaum einer seiner Kollegen gewachsen, genauso wie im Ringen und Baumstammwerfen. Natürlich wurde er immer wieder wegen seiner Sprache gehänselt, die Kameraden meinten das aber stets in gutmütigem Sinn. Neben den Übungen mit den Waffen gingen alle Wehrmänner ihrer Arbeit in der Landwirtschaft, dem Betreuen der Schafe und der wenigen Rinder nach.

Orr wuchs in wenigen Jahren zu einem stattlichen Krieger heran, der bei den Mädchen und Frauen der Peterbühl-Gemeinschaft bewundernde Blicke erntete. Der Rat der Älteren, dem dies nicht verborgen geblieben war, musste etwas unternehmen. Orr war ja kein freier Mann und verfügte über keinerlei Besitz. Demnach war es ihm nicht erlaubt, einen eigenständigen Hausstand zu gründen. Die Lösung, die in Absprache mit Orrs Ziehfamilie gefunden wurde, war die, dass Ada und er zum Schein eine Ehegemeinschaft eingingen. Damit würden die Kinder in einer Familie mit beiden Elternteilen aufwachsen. Die Mädchen der Gemeinschaft würden das akzeptieren und Orr als Ada's Ehemann den ihm zustehenden Respekt erweisen. Orr wusste, dass das für ihn die einzige Möglichkeit sein würde. Dass er auf eigene Kinder, auf eine wirkliche eigene Familie verzichten musste, wusste er. Das fiel ihm aber nicht schwer. Er hatte erfahren müssen, dass Krieger zumeist ein kurzes Leben hatten und ihre Familien die Leidtragenden waren.

Die Kinder standen immer noch im Bann der Erzählung ihres Ziehvaters. Sie bestürmten ihn mit Fragen, die er aber entschieden abwehrte. Er griff sich seinen Speer und eine Fackel und ging hinaus in die Nacht. Ada war keineswegs beunruhigt. Sie wusste, dass Orr im Geist immer wieder in seine frühere Welt verschwinden musste und dann allein sein wollte. Auch wenn die Beiden nicht wie Mann und Frau zusammenlebten, liebte sie den schweigsamen Orr wie einen Bruder.

Bald schon, nachdem Orr als Zugekaufter in die Gemeinschaft gekommen war, stellten die Peterbühler fest, dass ihm ihre Gottheiten völlig unbekannt waren. So stand der Junge ratlos herum, als das Fest des Überganges gefeiert wurde. „Fest des Überganges?", fragte er einen Jungen seines Alters ratlos. Der hatte Mühe, den fremden Dialekt zu verstehen. Dann sagte er erstaunt und bemühte sich, sehr deutlich zu sprechen: „Rait, die Göttin mit dem leuchtenden Auge, überlässt nun Etan, dem Gott mit dem strahlenden Gesicht die Herrschaft, damit alles wachsen und gedeihen kann. Wusstest du das nicht?" Rait, Etan. Orr betete zu Rätia, der Göttin der Aussaat, der Fruchtbarkeit, des Wohlergehens. Etan, von einem solchen Gott wusste er nichts. „Rait, Rätia, merkst du nichts?", fragte einer, der das mitangehört hatte, belustigt. „Das sind doch ein- und dieselbe Gottheit!" Damit gab sich Orr zufrieden und war bereit, in der Hütte der Ahnen der Säule mit dem Abbild der Göttin Ehre zu erweisen. Mit der Zeit würde die fremde männliche Gottheit auch zu der seinen werden.

Die Türsicherung

Orr machte sich in Haus und Hof nützlich. Ada und ihr Vater merkten, dass Orr über handwerkliches Wissen verfügte, das der Peterbühl-Gemeinschaft nützlich sein konnte. Als Orr, der in einem Kriegerhaushalt groß geworden war, einmal bemerkte, dass die Eingangstür nur ein besserer Verschlag ohne Schutzvorrichtung war, fragte ihn Urd, der Großvater, erstaunt: „Die gesamte Peterbühl-Gemeinschaft verwendet Bretterverschläge. Ist das in deiner Heimat denn anders?" Einer der Knaben, der dabeisaß, warf ein: „Hier ist die Heimat von Orr, Großvater Urd!" „Natürlich", sagte der Alte beschwichtigend. „Ich meinte natürlich, wo Orr herkommt." Orr erinnerte den Großvater daran, dass er aus Erzählungen wusste, dass in der Winterzeit nicht selten auch gefährliche Tiere in das Haus eingedrungen waren. Letztes Jahr war es ein Wildschwein, das sich schmatzend an den Essensvorräten zu schaffen machte und nur mit Mühe vertrieben werden konnte. „Ja, stimmt schon", erinnerte sich der Alte. „Und einmal, habe ich gehört, hat sich auch ein Herumtreiber hereingeschlichen. Das hast du mir erzählt, Urd." Ada hatte sich dazu gesellt und fragte neugierig: „Ist das in deiner Hei-, ich meine dort, wo du groß geworden bist, anders? Was habt denn ihr dagegen gemacht?" Orr sagte schlicht: „Eine gesicherte Eingangstür."

Der Großvater war hellhörig geworden und forderte Orr auf, ihnen das zu erklären. Orr kramte in seiner Erinnerung: „Also, das ist so. Wir verbinden einige Bretter und machen eine Platte daraus. Wir nennen das Türblatt. Am oberen und unteren Ende der Türöffnung und am rechten Anschlag bringen wir je zwei Leisten an. In dieser Führung läuft das Türblatt und kann hin- und hergeschoben werden. Versteht ihr, was ich meine?" Zur Unterstützung machte er auf dem Boden eine Zeichnung. „Nicht schlecht, diese Sache mit dem Türblatt", sagte Urd anerkennend und kratzte sich am Kopf. Aber, wie macht ihr das mit dem Hin- und Herschieben?" „Mit Hilfe eines eisernen Hakens", sagte Orr. „Wir nennen ihn Schlüssel. Damit wird das Türblatt auf- und zugezogen. Ohne Schlüssel bringt man die Tür nicht auf."

Der Großvater hatte der Erklärung aufmerksam zugehört. Er sagte anerkennend: „Orr, das scheint tatsächlich eine gute Idee zu sein! Ihr von Sanzeno seid nicht ohne! Weißt du was? Morgen gehen wir's an. Ein Türblatt. Was für Einfall!"

Nach einigen Versuchen und Fehlschlägen glitt das Türblatt in der Führung wie geschmiert. Alle in der Gemeinschaft waren hellauf begeistert. Als der Schmied den Eisenhaken lieferte, der als Schlüssel dienen sollte, war das eine Prämiere. Die Schiebevorrichtung funktionierte hervorragend. Ein Nachbar stellte sich als Versuchskaninchen zur Verfügung und mühte sich ab, die Tür von außen aufzubekommen. Er scheiterte. Diese neue Vorrichtung ging wie ein Lauffeuer durch die Peterbühl-Siedlung, und schon bald verfügte fast jedes Haus über ein sicheres Verschlusssystem à la Orr.

Bronzesieb, Nabelschalen, Eisenspieß

Ada's Familie besaß neben einer Rodungsfläche für den Getreideanbau einen kleinen Weingarten am südlichen Fuß des Peterbühl. Ada's erster Mann war geradezu vernarrt in seine Weinreben mit den dicken blauen Beeren, die sich in einen köstlichen Most verwandeln ließen. Nach einer Zeit der Gärung wurde daraus ein Getränk, das manche Menschen fröhlich und ausgelassen, andere traurig und übel gelaunt werden ließ. Es ging die Rede, dass dieses Getränk ein Geschenk der Götter sei. Ab und zu versammelten sich Männer aus der Gemeinschaft, um gemeinsam einen Becher zu heben. Dabei ging es lautstark und ausgelassen zu.

Orr kannte sowohl Weintrauben als auch den Brauch des gemeinsamen Trinkens zu Ehren der Gottheiten. Als er davon erzählte, dass in seiner Heimat Bronzesiebe verwendet würden, um das Getränk zu filtern und damit seine Haltbarkeit zu verlängern, bestellten einige Freunde beim Schmied im Norden der Siedlung Bronzesiebe. Damit nicht genug. Orr erzählte von so genannten Nabelschalen, die sich ausgezeichnet als Trinkschalen verwenden ließen, da sie im Boden eine Delle als Stütze für den Daumen hatten. Nun stellten auch die Töpfer der Peterbühl-Gemeinschaft Nabelschalen her.

Als Orr einmal sah, wie Großmutter auf dem Herd im oberen Wohnbereich Fleisch auf einer Steinplatte briet, berichtete er ihr von einem besseren Verfahren: Fleischstücke würden in seiner Heimat von einem langen Eisendorn, einem Spieß, durchstoßen. Dieser Spieß wurde in gabelartige Halterungen eingelegt, die links und rechts der Feuerstelle aufgestellt sind, so dass sich die Fleischstücke direkt über dem Feuer befinden und mittels Drehen des Spießes von allen Seiten gebraten werden können. Eine geniale Methode, die in der Peterbühl-Gemeinschaft rasch Anwendung fand. Es dauerte nicht lange, und auch in den Gemeinschaften von Rungg und Schnagg drehten sich Fleischstücke munter am Spieß. So hatte Orr durch diese Erfindungen ein Stück seiner alten Heimat hierher auf den Peterbühl gebracht und machten ihm dadurch das Leben in der Fremde, die nun seine Heimat war, erträglicher.

Anlässlich eines Einfalls von Fremden schickte der Rat der Älteren Orr mit seinen Kameraden hinunter zum Isark. Die Peterbühl-Gemeinschaft blieb verschont. Aber keiner von den Peterbühl-Kriegern kehrte je wieder auf den Bühel zurück.

Bronzesieb unbekannter Nutzung.
Vermutung: Filtern von Wein

Haus S

In dieser an Haus R nach Osten angrenzenden Behausung lässt sich ein zweites Stockwerk in Holzbauweise nachweisen. Die bewohnbare Fläche betrug dreißig Quadratmeter und war damit erstaunlich groß.

Von den Funden fiel ein eiserner Schlüssel ins Auge. Schlüssel dieser Art wurden auch schon in der Sanzeno-Gemeinschaft verwendet. Eine Sanzeno-Schale gibt einen weiteren Hinweis auf Beziehungen zu dieser Gemeinschaft im Nonstal. Weiter wurden zwei Lanzenspitzen gefunden, ein Schleifstein sowie ein Eisenspieß mit Ring. Daneben mehrere Schmuckgegenstände aus Bronze.

Türschlüssel aus Eisen

Gebäude D/T

Haus der Schamanin

Adali rannte um ihr Leben. Sie hatte den nördlichen Fuß des Hügels hinter sich gebracht und versuchte verzweifelt, die steile Flanke nach oben zu klettern. Die Meute folgte ihr dicht auf den Fersen, beinahe lautlos, nur ihr Hecheln war zu hören, das näher und näher kam. Es schneite. Dichte Flocken fielen von einem grauen Himmel, der langsam in die Dämmerung überging. Adali hielt sich an einer Baumwurzel fest. Ihre mit Fell bekleideten Füße suchten vergeblich nach Halt. Dann brach die Wurzel. Sie rutschte in die Tiefe, wobei sie sich mehrfach überschlug und mit dem Kopf gegen einen Stein prallte. Adali verlor das Bewusstsein und fiel in gähnende Dunkelheit.

Rote Kreise wirbelten in ihrem Kopf. Ein pulsierendes Dröhnen schüttelte den schmächtigen Körper. Sie starrte in die gelb funkelnden Augen eines Wolfes, der sich an ihre Seite gelegt hatte. Adali sah, wie seine Flanken bebten. Er legte den mächtigen Kopf zwischen die Pfoten und schaute sie unverwandt an.

Eine kühle Hand strich über ihr Gesicht. Von weiter Ferne hörte sie ein Rufen: „Adali, wach auf! Du bist in Sicherheit!" Irgendwann öffnete sie die Augen. Wie grell das Licht war. Sie lag auf einem Fell, ihr Kopf war in einen dicken Packen Moos gebettet. Langsam verstand sie, dass sie sich nicht im Schattenreich befand, sondern noch unter den Lebenden weilte. Weit über ihr schälte sich ein Gesicht aus dem dichten Nebel. Es war das von unzähligen Falten durchzogene Gesicht einer alten Frau. „Männer der Gemeinschaft haben dich gerettet", sagte das Gesicht, „deine Begleiter, die du aus den Augen verloren hast." Sie lächelte ein zahnloses Lächeln. „Wo bin ich?", fragte Adali, „ich kenne dich nicht." Tränen rollten plötzlich über ihr von Blut und Erde verschmiertes Gesicht.

„Adali", sagte die Stimme der alten Frau. „Du bist zuhause!"

Adali war von der Rungg-Gemeinschaft zurück zur Peterbühl-Gemeinschaft gekommen. In dichtem Schneetreiben hat sie den Kontakt zu ihren Begleitern verloren. Wölfe haben sie verfolgt und immer wieder angefallen. Das war an den Bisswunden zu erkennen, die sie da und dort abbekommen hatte, Wunden, die sich nun gefährlich entzündeten. Hitzewellen ließen ihren Körper beben, dann durchfuhr sie wieder ein eisiger Schüttelfrost. Der Priester bemühte sich, die böse Fäulnis mit Kräutern zu stoppen. Adali's Familie war gekommen und bat ihn um seinen Opfersegen. Aber nichts wollte helfen. Doch nach einigen Tagen schloss sich nach und nach ihre schwere Verletzung am Kopf, und auch die durch die Bisswunden verursachten Entzündungen gingen langsam zurück.

Trotzdem war Adali nicht mehr die Alte. Sie erkannte weder ihren Mann noch ihre Tochter, und auch die Mitglieder der Gemeinschaft waren für sie Fremde. In diesem Zustand lebte die Frau fünf Mondzyklen und wurde in all dieser Zeit von ihrer Familie liebevoll betreut und ernährt.

Die Mitglieder der Gemeinschaft gingen ihr aus dem Weg, als sich herausstellte, dass sie das Zweite Gesicht hatte. Die Kinder fürchteten sich, die eigene Tochter mied sie und ihr Mann gab seine Frau ihrer Familie zurück. Er sah sich außerstande, mit dieser Frau, die nicht mehr seine Frau war, unter demselben Dach zu leben. Adali fiel im Zustand des Zweiten Gesichts von einem auf den anderen Augenblick in einen Zustand der Starre. Ihre Augen lagen dann tief in den Höhlen, ihr Atem ging flach und ließ sich kaum noch feststellen. Irgendwann löste sich dann die Starre und machte einem Zustand glasklarer Wachheit Platz. Adali redete dann mit klaren Worten über Dinge, die sich ereignen würden, hier, aber auch in der Rungg-Gemeinschaft, drüben auf Schnagg und unten auf Porz. Die Menschen der Peterbühl-Gemeinschaft wussten nicht, wie sie mit dieser erschreckenden Gabe umgehen sollten, auch weil es zumeist so war, dass Adali's Vorhersagen mit großer Präzision eintrafen. Der Rat meinte mehrheitlich, man solle diese Gabe zum Vorteil der Gemeinschaft nutzen. Der Priester hingegen warnte, dass Adali nicht mehr im Fluss mit der Göttin sei und dass die Gemeinschaft Abstand zu dieser Frau nehmen müsse. Es könne ansonsten dazu kommen, dass die Schattenwelt in Rait's Reich fließt und schlussendlich auch die Herrschaft über die Gemeinschaft übernimmt.

Der Rat der Älteren wies Adali ein Haus zu, dessen Besitzer gestorben waren. Es stand leer und drohte zu verfallen. Nachbarn verwendeten es als Heustadel, Kinder spielten darin Spiele, die sie vor den Erwachsenen geheim halten wollten. In der Nacht trieben sich in diesem verlassenen Haus allerlei Tiere herum und erschreckte die Vorübergehenden. Manche der Alten waren überzeugt, dass irrende Geister darin ihr Unwesen trieben. Diese Behausung wurde von einigen Männern notdürftig instandgesetzt und Adali als Wohnstatt zugewiesen. Die Peterbühl-Gemeinschaft ließ nämlich niemanden der Ihren jemals im Stich, gleichgültig wie die Umstände waren.

Mit der Zeit erholte sich Adali soweit, dass sie zu ihrem Unterhalt beitragen konnte. Auch wenn die Erinnerungen nicht vollständig zurückkamen, blitzte doch bruchstückhaft das und jenes aus ihrer Vergangenheit auf. Letzthin erkannte sie ihren Mann und nun auch ihre

Tochter. Sie blieb aber dennoch in einer fremden Dimension gefangen. Ein Zusammenleben mit ihrer Familie lehnte sie ab, um sie zu schonen, wie sie sagte. Denn ihre Anfälle konnten jederzeit auftreten, ihr verwirrter Zustand zurückkehren.

Es wurde ersichtlich, dass Adali eine mysteriöse Verbindung zu einer der übergeordneten Welten hergestellt hatte. Man sah sie des Öfteren, wie sie sich auf den Weg zur Schlucht machte, durch die das heilige Wasser vom Schal-Ern ins Tal stürzt. Der Kalkbrenner, der am Wasser wohnte, beobachtete sie dabei, wie sie im reißenden Fluss nach Flusssteinen suchte, die eine ganz bestimmte Form haben mussten. Er sah, wie sie die Steine einen nach dem anderen gegen das Licht hielt, wie um sie auf ihre Rundung zu überprüfen. Wenn sie zufrieden war, dankte sie den Himmlischen, indem sie die Arme nach oben reckte und unverständliche Worte sprach. Die ausgewählten Steine steckte sie in einen Weidenkorb und schleppte sie zurück zu ihrem Haus. Kinder, die sich neugierig auf die Lauer legten, sahen zu, wie sie mit einem Bronzemeißel Kerben und Ritzungen in die Steine meißelte und die so entstandenen Symbole mit Rötel ausmalte.

Adali's Befinden schien im Lauf der Jahre immer ausgeglichener zu werden. Nach und nach reifte sie zu einer weitum geachteten Schamanin heran, die nun von Leuten aus umliegenden Gemeinschaften aufgesucht wurde, um ihr Schicksal zu erforschen und mit Hilfe ihrer magischen Steine in der Zukunft zu lesen. Zum Dank brachten die Besucher oft wertvolle Geschenke mit, auch weil die Weissagungen zumeist eintrafen. Die Leute der Peterbühl-Gemeinschaft verloren ihre Vorbehalte und fingen an, diese seltene Gabe zu achten und Adali wieder in ihrer Mitte aufzunehmen. Der Priester blieb jedoch bei seinen Vorbehalten und lehnte es ab, mit Adali, die er wohl als Konkurrentin wahrnahm, auch nur zu sprechen.

Eines Nachmittags wurde von der Wache am hölzernen Turm Alarm geschlagen. Eine Gruppe berittener Eindringlinge hatten sich am Isark versammelt und war dabei, den Berg hochzukommen. Die Gemeinschaft schwebte in höchster Gefahr! Der Rat der Älteren rief die acht Krieger zu sich und gab ihnen den Auftrag, sich zu bewaffnen und die Eindringlinge abzuwehren.

Atu, der Priester, kam aus der Hütte der Ahnen und sprach zur versammelten Gemeinschaft, die den Ereignissen mit Angst und Sorge entgegensah: „Ich habe mit der Göttin gesprochen", sagte er in Bewusstsein seiner Autorität. „Die Göttin hat mir versichert, dass alle acht Männer heil wiederkommen werden." Die Gemeinschaft atmete erleichtert auf und dankte der Göttin mit überschwänglichen Gebeten.

Adali hielt sich wie stets etwas abseits und beteiligte sich nicht an der Zeremonie. Das fiel einer Freundin auf. Sie zog sie beiseite und wollte wissen, was sie bedrückte. „Zwei der Männer werden nicht wiederkommen", sagte Adali und barg ihr Gesicht in ihrem Mantel. Die Freundin erstarrte. „Aber der Priester", fing sie an, wurde aber von Adali unterbrochen: „Atu meint es gut. Er will uns Mut machen". „Weißt du auch, wer?", fragte die Freundin atemlos. „Wer wird nicht zurückkommen?" Adali weinte leise und zog sich in ihre Behausung zurück.

Die Eindringlinge konnten abgewehrt werden. Sechs der Männer kamen zurück, zwei von ihnen waren verwundet. Die Gemeinschaft trauerte um die beiden Toten. Vier

Männer wurden hinuntergeschickt an den Isark, um die Toten zu bergen, bevor wilde Tiere sie in der Nacht zerrissen.

Nach wenigen Tagen wusste die gesamte Gemeinschaft von Adali's Vorhersage. Der Priester musste öffentlich zugeben, dass er falsch gelegen hatte. Aber als er versuchte, Adali's Gabe als Werk des Schattenreichs schlecht zu machen, bekam er heftigen Widerstand vom Rat der Älteren. Trotz des schmerzlichen Verlustes betete die Gemeinschaft zur Göttin und dankte ihr, dass es nicht mehr Tote gegeben hatte und dass die Gefahr hatte abgewendet werden können.

Adali war, wenn auch in ihrem Wesen verändert, in die Gemeinschaft zurückgekommen. Ihre Tochter hatte mit der Zeit die Scheu vor ihrer Mutter abgelegt. Sie verbrachte mit ihr immer mehr Zeit.

Es kam der Augenblick, wo sie begann, in die Fußstapfen ihrer Mutter zu treten. Seitdem verfügte die Peterbühl-Gemeinschaft über zwei Schamaninnen, die die Stellung der Peterbühl-Gemeinschaft in den Nachbargemeinschaften stärkten. Sogar aus Stufels und der gegenüberliegenden Talseite kamen Menschen, um sich von Adali und ihrer Tochter weissagen zu lassen.

Die Göttin schien den Weg der Schamanin mit Wohlgefallen zu begleiten, denn seit Adali's Verwandlung blieb die Gemeinschaft vor weiteren Katastrophen verschont. Das Vieh gedieh genauso wie das Getreide und die Frucht der Weinberge, und keine feindlichen Horden suchten die Gemeinschaft mehr heim, solange die beiden Frauen lebten.

$\sim$

Haus D/T

Der Archäologe Frescura arbeitete zuerst 1956, dann 1959 an der Freilegung dieser Wohneinheit. Entsprechend bekam die Ausgrabung zuerst den Buchstaben T, dann D zugewiesen. Darum die Doppelbezeichnung.

Der bemerkenswerteste Fund in diesem immerhin zweiunddreißig Quadratmeter großen aber im Mauerwerk eher wenig sorgfältig ausgeführten Haus war ein Porphyrstein mit eingravierten Zeichen unbekannter Deutung. Man nimmt an, dass dieses Objekt für Rituale oder magische Praktiken verwendet wurde.
Ein Eisenring und ein Eisenmesser sind weitere Fundgegenstände, die in diesem Haus sichergestellt wurden.

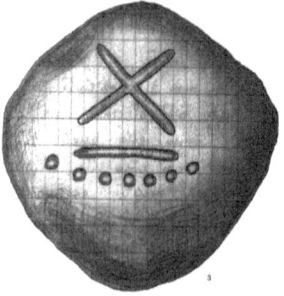 

Porphyrsteine mit Symbolritzung zur Verwendung für magische Rituale (?)

Haus A

Das Amulett

„Es ist noch gar nicht so lange her", sagte Aun, die Großmutter, zu ihren beiden Enkelinnen, die mit ihr am Feuer
hockten. „Es ist noch gar nicht so lange her, dass in einem
fernen Königreich nicht wie jetzt die Männer, sondern
Frauen das Sagen hatten. Ja, das war eine vollkommen
andere Zeit."
Die alte Aun stocherte im Feuer und hing ihren Gedanken nach. „Großmutter?" „Ja, Kind?" „Was heißt das, das
Sagen haben. Haben die Männer damals nicht sprechen
dürfen in der alten Zeit?"
Großmutter schmunzelte. Die kleine Idi war gerade einmal fünf Jahresläufe alt aber schon sowas von neugierig.
„Das ist so gemeint, Kind, dass es gerade umgekehrt war
als es heute ist. Die Männer führten das aus, was ihnen
ihre Frauen ansagten." Dann erzählte die alte Aun von
der schönen Königin mit den goldglänzenden Haaren, die
aber mit eiserner Hand regierte. Im Lauf ihrer Regierungs-
jahre wurden einundzwanzig Bedienstete hingerichtet. Sie
mussten mit ihrem Leben büßen, weil die Königin sich
von ihnen nicht ausreichend gewürdigt fühlte. „Und der
König", fragte Ern, die Größere. „Hat der König auch sein
Leben verloren?" „Nein", sagte die Großmutter. „Der König
hat alles verändert. Aber nicht der König allein. Er hatte
unschätzbare Hilfe."

Das Amulett

Königin Dera mit den goldenen Haaren verdankte ihre
Macht einzig und allein einem Amulett, das ihr Gemahl,
der König, neben vielen anderen Schätzen als Beute von
einem Kriegszug in einem südlichen Land mitgebracht
hatte. Er glaubte es nicht, als eine der Sklavinnen ihrem
neuen Herrn von einer unbeschreiblichen Macht erzähl-

te, die von diesem Amulett ausgehen sollte. Er ließ es sich holen, und als einer der Bediensteten das Artefakt auf einem Tischchen vor dem König auslegte, musste er zugeben, dass es sich in der Tat um ein außergewöhnliches Kunstwerk handelte. Er untersuchte die Fibel mit ihren Klapperblechen und entdeckte die Darstellung eines winzigen menschlichen Gesichts, das in der Mitte des Bronzeobjekts aus dem Blech starrte. Es schien ihn mit dämonischer Bösartigkeit geradewegs in die Augen zu starren. Nein, dieses Amulett mochte ihn nicht, soviel war sicher! Eine negative Ladung ging von ihm aus. Er kümmerte sich nicht weiter darum und ließ sich weitere geraubte Kunstgegenstände vorführen. Eine Schnabelkanne mit eingravierten fremdartigen Symbolen hatte es ihm besonders angetan. Dabei vergaß er auf die Fibel mit ihren angeblichen Kräften. Nein, von irgendeiner Macht hatte er nichts gespürt. Sie war ihm lediglich zuwider. Das war wohl eine der üblichen Legenden, die sich so gut wie niemals als wahr erwiesen.

Einige Zeit später betrat die Königin den Raum in der Absicht, sich von einer Dienerin ihr goldenes Haar kämmen zu lassen. Dabei fiel ihr das Bronzeobjekt ins Auge, das dort, wo der König sich damit beschäftigt hatte, achtlos liegengeblieben war. „Ach, was ist das doch für ein ungewöhnlich schönes Schmuckstück!", rief sie aus und wies die Dienerin an, ihre goldene Nadel zu entfernen und ihr diese neue Fibel ans Kleid zu stecken.

Als die Fibel die beiden Enden des leichten blauen Umhangs der Königin verbunden hatte, ereignete sich etwas Unfassbares. Ein Strom ungebändigter Energie durchfuhr die Königin und umhüllte sie mit einer blitzenden Aura. Die Dienerin sprang entsetzt ein paar Schritte zurück. Das kleine Gesicht auf dem Fibelkörper glimmte zuerst rot glühend auf, erstrahlte dann urplötzlich in hellem blauem Licht, das nun auch die Dienerin erfasste. Die Königin war plötzlich durchdrungen von einem Gefühl grenzenloser Macht. An ihren Fingerspitzen sprühten blaue Flämmchen.

„Hol meinen Gemahl her!", befahl sie der Dienerin. Ihre Stimme war kalt und schneidend. „Mein Gemahl, und zwar sofort!"

Die Dienerin löste sich aus ihrer Erstarrung und verließ fluchtartig den Raum. Als der König ins Gemach kam und in barschem Ton wissen wollte, wie sie es wagen konnte, ihn rufen zu lassen wie einen Stallknecht, blickte ihn die Königin mit stahlblauen Augen an, in denen sich blitzende Wirbel drehten. Der König erschrak. Was war denn nur los mit seiner Frau? War sie das wirklich, sie, Königin Dera mit den goldenen Haaren? Nein, das konnte nur eine Hexe sein, oder womöglich eine der Himmlischen!

Als Dera mit schneidender Stimme verlangte, ihr Mann solle ihr alle Regierungsgewalt übertragen und ihr die Schlüssel zum Ratssaal und zu den Schatzkammern aushändigen, brüllte er diese Gestalt, die vielleicht einmal seine Gemahlin gewesen war und sich nun durch einen Zauber in ein anderes Wesen verwandelt hatte, an: „Niemals! Was fällt dir ein! Ich werde jemals weder Dera noch der Hexe, die in ihrer Gestalt vor mir steht, meine Macht übertragen! Setz dich und nimm den Platz ein, der dir zusteht!"

Dera, die Verwandelte, schien zu wachsen und größer und größer zu werden. Aus dem Amulett an ihrer Brust schoss ein Lichtstrahl, der sich auf den König richtete und ihn mit einem blauen Ring umgab. Ohne ein Wort zu sprechen zwang sie ihren Gemahl langsam in die Knie, bis er ausgestreckt vor ihr auf dem Boden lag. Er keuchte und rang nach Luft. „Was willst du?!", rief er verzweifelt. „Was?"

Dera, die Veränderte, sagte mit einer Stimme, die durch den Palast rollte und einige Bedienstete in den Raum rief: „Die Schlüssel!"

Ein Dutzend Bedienstete hatten inzwischen den Raum betreten. Sie verfolgten mit ungläubigem Staunen die Szene, die sich vor ihren Augen abspielte. Der König ausgestreckt auf dem Marmorboden, ihre Königin in Gestalt eines riesenhaften Dämons! Es war unbegreiflich. Da geschah etwas Merkwürdiges: Die Frauen unter den Bediensteten fühlten sich plötzlich wie durch ein unsichtbares Band miteinander verbunden. Jede von ihnen konnte die Gefühle der anderen fühlen! Was war da geschehen? In der Seele der Königin spürten sie eine ungebändigte Wut.

Der König fügte sich schließlich. Dieser fremden Macht war er nicht gewachsen. Er erhob sich mühsam und ließ die Schlüssel holen. Er übergab sie mit gesenktem Kopf der Königin, die sich langsam wieder in ihre ursprüngliche Gestalt zurückverwandelte.

Besuch der Dienerin

„Die nächsten Tage", fuhr Aun nachdenklich fort, währenddem sie ihre Enkelinnen gebannt anblickten, „die nächsten Tage veränderten das gesamte Königreich. Der König blieb König nur dem Namen nach. Alle anderen Männer im Palast mussten sich den Frauen bedingungslos unterordnen." „Alles wegen dem Amulett?", fragte die Größere. „Ja", sagte die Großmutter. „Alle Frauen des Königreichs fühlten eine Macht und Stärke in sich, die sie ihren Männern weit überlegen machte. Sogar in der Körperkraft. Und wegen Königin Dera's goldenem Haar wird die Zeit, in der die Frauen herrschten, von diesen das Goldene Zeitalter genannt."

Der König musste die königlichen Gemächer räumen und bekam eine bescheidene Behausung in einem Turm des Palastes zugewiesen. Die meiste Zeit saß er in Gedanken versunken im Erker vor dem Fensterschlitz, der einen Blick in den Innenhof des Palastes gewährte. Was war nur geschehen? Welchem Zauber verdankte er sein Schicksal?

Nach vielen Tagen des Grübelns träumte er einmal von der Dienerin, die ihm von einem Zauber berichtet hatte, der von diesem seltsamen Amulett ausging. Vielleicht hatte er die mysteriöse Fibel mit dem bösen Auge zu rasch abgeschrieben. Als er erwachte, war ihm noch jedes Detail seines Traumes in Erinnerung. Er kam seinen morgendlichen Pflichten nach, die ihm auch vorschrieben, sich mit dem Rat in den Thronsaal zu begeben, um seiner Königin und Gemahlin den täglichen Treueschwur zu leisten, der seine Unterwerfung bezeugen sollte. Darauf zog er sich wieder in sein Turmzimmer zurück.

Seinen persönlichen Diener, der ihm in dieser Zeit der Not zu einem Freund geworden war, bat er, nach jener Dienerin zu forschen, die mehr über dieses Amulett zu wissen schien. Der Diener war ursprünglich der Hauptmann der Palastwache gewesen und verfügte im Palast immer noch über einige nützliche Kontakte. Tatsächlich gelang es ihm, die Frau auszuforschen. Sie war gerade mit einer anderen Frau dabei, einigen Männern die Arbeit am Webstuhl zu erklären. Ihr Name war Hari. Der ehemalige Hauptmann näherte sich Hari unterwürfig und wartete, bis die frühere Dienerin, die nun zu einer besseren Stellung gekommen war, das Wort an ihn richtete. „Du da, sprich." Der Diener verneigte sich und sagte, er komme im Auftrag des Königs. Er bitte sie, ihn im Turm aufzusuchen, da er sie in einer wichtigen Angelegenheit zu sprechen wünsche. Nein, leider könne er nicht zu ihr kommen. Er dürfe das Turmzimmer nur für bestimmte Anlässe verlassen.

Die Dienerin dachte bei sich, dass dieser Kontakt nicht schaden könne, war sie doch lediglich eine der untergeordneten Frauen, auch wenn sie den Männern Anweisungen geben konnte. So kam sie mit und suchte den König im Turm auf. „Danke, dass Ihr gekommen seid", sagte der sichtlich gealterte ehemalige Herrscher des Landes. „Setzt Euch, ich bitte Euch darum." Dann verwickelte er sie in ein Gespräch über die Zeit, als sie mit anderen in Gefangenschaft geraten und zum Palast gebracht worden war. Ja, sie erinnere sich an dieses Amulett, die größte Kostbarkeit ihres überfallenen Landes. Und ja, sagte sie stolz, es verleihe den Frauen, und nur Frauen! Macht über ihre Männer. Schließlich sei es das Amulett der Göttin. Die Göttin lasse auch keinen der männlichen Götter über sie herrschen! „Es gibt eine Legende", erzählte sie freimütig, „dass Reitia von einem der Himmlischen verraten und getäuscht wurde. Seitdem ist sie allem Männlichen feindlich gesinnt." Und ja, das gelte auch für die irdischen Männer. So sei es nun einmal, und der König und die übrigen Männer sollen sich in ihr Los fügen. Es gäbe keinen Ausweg.

„In deinem Land sind die Frauen doch besiegt worden", wagte der König zu widersprechen. „Wie kann das sein? Bestimmt hat eure Herrscherin dieses Amulett getragen, als wir eure Gemeinschaft angegriffen haben." Er fügte um Verständnis bittend hinzu, dass sein Volk nur deshalb zu den Waffen gegriffen hatte, weil diese Gemeinschaft bei jeder Gelegenheit die Frauen seines Königreiches zum Widerstand gegen die Männer aufgerufen hatte.

„Nein", sagte die Dienerin betrübt. „Die Herrscherin ist bei der Göttin in Ungnade gefallen. Reitia hat ihr daraufhin ihren Schutz entzogen." „Was war denn der Grund dafür, bitte, erzähle ihn uns", bat der König und schmeichelte der Dienerin. Diese konnte den freundlichen Augen des Dieners, der sie liebevoll anblickte, nicht widerstehen und fuhr fort:

„Königin Isa hat sich in ihren Kanzler verliebt! Schließlich hat sie ihm, blind vor Liebe, die Macht übertragen, die eigentlich nur uns Frauen zustand. Das war unser aller Untergang", schloss sie bitter. „Nachdem die Göttin dem Amulett die Macht entzogen hatte, war es nutzlos geworden. Um nicht andauernd an diese Niederlage erinnert zu werden, sperrte es die Königin zu den anderen Schätzen in die Schatzkammer." Es entstand eine längere Pause. Dann fuhr die Dienerin fort: „Euer Angriff ist also absolut grundlos erfolgt. Wir Frauen waren schon seit einigen Mondläufen entmachtet. Ihr hättet durch uns keine Schwierigkeiten mehr zu befürchten gehabt."

Damit ging die Dienerin, nicht ohne den König daran zu erinnern, dass sie ihm zu Gefallen gewesen war. Falls er noch Einfluss auf Königin Dera habe, solle er sie bitten, sie, der Dienerin, eine bessere Position zuzuweisen. Mit ihren Kolleginnen gebe es nämlich zunehmend Streit. Sie würden sie als Auswärtige behandeln und sie nicht genügend würdigen.

Das Eiserne Zeitalter

Die beiden Mädchen wurden aufgefordert, Feuerholz zu holen. Als sie mit je einem Armvoll zurückkamen, legte die Großmutter einige Scheiter in die glimmende Kohle und wartete, bis neues Feuer aufloderte.

„So war das, liebe Kinder. Nicht dass ihr meint, ich hätte dem König eine einzige Träne nachgeweint. Aber hart war das bestimmt für ihn und für alle anderen Männer sei-

nes Königreichs." „Aber was war denn so schlimm für die Männer, wenn die Frauen die Starken waren?", fragte die kleine Idi. „Ich hätte mich dann halt auf die faule Haut gelegt und hätte die Frauen Holz holen lassen." Die alte Aun schmunzelte. „Ach, weißt du, Idi, da muss ich euch was Wichtiges sagen: In ganz alter Zeit, in der Zeit vor meinen Urgroßeltern, waren sich Männer und Frauen vollkommen ebenbürtig. Die Frauen wurden von den Männern als Schöpferinnen des Lebens gewürdigt, die Frauen ihrerseits achteten die Männer wegen des Schutzes, den sie der Gemeinschaft garantierten." „Das klingt doch gut", sagte Ern, die Größere. „Großmutter, was ist passiert?" „Ich glaube, es war damals, als die Gemeinschaften anfingen, gegeneinander Krieg zu führen. Da fing das an, dass manche Männer ihre körperliche Stärke auch in der eigenen Gemeinschaft auszuspielen begannen. Ich glaube, die waren von all den Gräueltaten des Krieges seelisch so kaputt, dass sie Mitgefühl und Respekt verlernten. Und dann brachten sie auch noch fremde Götter von ihren Feldzügen mit, männliche Götter, die nun der alten weiblichen Gottheit Konkurrenz machten. Eine schlimme Zeit begann. Wir nennen es heute das Eiserne Zeitalter wegen all der Waffengewalt, die damit verbunden war."

Als die Dienerin den Turm verlassen hatte, waren die beiden Männer, der entmachtete König und Fald, sein nicht weniger entmachteter Hauptmann, vorerst still und überlegten jeder für sich, was das bedeutete. „Das heißt wohl, die Königin verdankt ihre Überlegenheit einem Amulett! Nur einem Amulett", sagte der Hauptmann schließlich und schüttelte den Kopf. „Es muss doch eine Möglichkeit geben, diesen Zauber zu brechen", murmelte der König und ging auf und ab. Irgendwann wurde der

Hauptmann zur Wachablösung am Torturm, dem Eingang zum Palast, gerufen und verabschiedete sich mit militärischem Gruß von seinem Herrn und Freund.

Der Plan

Mitten in der Nacht wurde der König durch hartes Pochen an die Tür seines Schlafgemachs aus seinem Schlaf gerissen. Der Diener, der aus Gründen der Sicherheit, besser: der Überwachung in einem Seitenbereich des Turms den Wachdienst versah, stürzte an die Tür und nahm Haltung an, als er seinen Vorgesetzten in einem aufgewühlten Zustand vorfand. „Herr König", sagte der entmachtete Hauptmann atemlos durch die halb offene Tür, „ich muss Euch sprechen. Dringend!"
Der rieb sich den Schlaf aus den Augen und setzte sich in seinem mit Fellen ausgelegten Bett auf. „Dann kommt herein", sagte er gähnend. „Wenn es so wichtig ist." Der Hauptmann hieß seinen Untergebenen, zu dem er eine gute soldatische Beziehung unterhielt, draußen warten. „Ich hab's!", sagte er, kaum war die Tür hinter ihnen ins Schloss gefallen. „Hört euch an, was mir während meiner Wache eingefallen ist." „Ihr spannt mich auf die Folter", sagte der König und war nun hellwach. „Hört Euch das an: Ich habe vom Wächter, der mit mir das Tor bewacht, gehört, dass sich die Königin demnächst zum Heiligtum der Reitia begibt, um das Amulett, wie hat er sich ausgedrückt? ja, neu aufzuladen. Es scheint nämlich so zu sein, dass seine Kraft im Lauf der Zeit abnimmt und schließlich ganz verloren geht. Das habe sie von einer Dienerin, die bei dem Feldzug gefangen genommen wurde, erfahren."
Der König war wohl doch noch nicht ganz wach. „Aufladen? Was bedeutet das?" „Herr, Ihr wisst ja, dass die

Frauen ihre Kleider und Laken immer wieder in die Sonne hängen, um sie mit Etan's Kraft aufzuladen." „Ja, das habe ich bei meinen Ausritten schon gesehen", sagte der König. „Und mit dem Amulett ist es genauso", erklärte der Diener. „Es muss durch den Segen der Göttin die nachlassende Kraft zurückgewinnen. Herrschen und Unterdrücken kostet nämlich Kraft." Dann erklärte der Hauptmann seinen Plan:

Bei diesem Akt der Erneuerung müsse die Königin das Amulett ablegen und es in die Hand einer Priesterin legen, die dann vor dem Standbild der Göttin die Segnung vollzieht. Das sei die Gelegenheit! Wenn man ein zweites Amulett hätte, das so aussieht wie dieses, könnte man, mit etwas Glück und viel Geschick, das Amulett gegen die Kopie ersetzen. Damit wäre das Problem gelöst! Puff! Weg! „Was sagt Ihr dazu, Herr?", fragte der Hauptmann und wartete gespannt auf die Antwort.

Dieser hatte seine Bettstatt verlassen und lief in seinem Turmzimmer aufgeregt auf und ab.

„Das hat was! Das könnte klappen", stieß er hervor und machte vor seinem Hauptmann halt. „Wenn man das Ganze gut plant, könnte es funktionieren."

Der Hauptmann war erleichtert, dass er König auf seinen halb fertigen Plan einzusteigen gedachte. Die beiden Verschwörer setzten sich an den Tisch wie alte Vertraute und begannen, die Einzelheiten dieses Vorhabens durchzugehen.

„Zuerst einmal brauchen wir jemanden, einen Bronzegießer, der die Fertigkeit besitzt, das Amulett zu kopieren", meinte der König. „Das ist das Um und Auf".

Da erinnerte sich der Hauptmann an seinen Wachmann, der vor der Tür Position bezogen hatte. Er sagte, dass er aus dem Norden kam, ein Räter aus einem Volk oben in den Alpen namens Peterbühl-Gemeinschaft. Er erinnerte sich an ein Gespräch bei einem Saufgelage, bei dem Nor, dieser Wächter, damit angegeben hatte, dass er mit dem Kupfer- und Bronzeschmied befreundet war, der einige Male Arbeiten für den Königshof angefertigt hat. Auch Schmuckstücke für die Familie des Königs. Er sei ein überaus tüchtiger Mann. Wie klein die Welt doch ist! dachte der König bei sich. Da es sich bei Nor, wie der Hauptmann sagte, um einen zuverlässigen und verschwiegenen Mann handelte, hieß er ihn eintreten. „Kennst du Hari? Sie ist eine der Dienerinnen, die wir beim letzten Feldzug gefangen genommen haben. Sie arbeitet als Aufseherin an den Webstühlen."

Nor bejahte. Hari sei eine besonders schöne, stolze Frau, die man nicht leicht übersehen könne, meinte er. Dem König gefiel diese offene Antwort, und Nors Dialekt ließ ihn schmunzeln. Er merkte, dass er mit diesem Wächter noch kaum ein Wort gewechselt hatte, obwohl er es war, der Nacht für Nacht seinen Schlaf bewachte. „Bring sie morgen in der Früh her", befahl er, wobei er vergessen hatte, dass das mit dem Befehlen nun nicht mehr so einfach war. „Ich wollte sagen, bitte sie zu mir. Es wird ihr Schaden nicht sein." Das war nun genug an nächtlichen Aufregungen. Der König legte sich grübelnd zurück in sein Bett. Fald, der Hauptmann, begab sich ins Wachzimmer und Nor, der Diener, bezog im offenen Nebenzimmer Position.

Hari, die Dienerin

„Ich komme gern, wenn Ihr meine Hilfe benötigt", sagte Hari, als sie am nächsten Morgen eintrat und dem König die Aufwartung machte. Der König bemerkte den leicht herablassenden Ton, den sich die Frauen nach ihrer Machtübernahme auch gegen ihn, den König, anmaßten. Peinlich vermied sie alle Anspielungen an seine, des Königs, ehemalige Stellung und redete ihn auch nicht mit Herr oder Majestät an, wie es früher zur Etikette gehört hatte. Der König ging nicht weiter darauf ein und ließ es sich für den Augenblick gefallen. Er brauchte sie, diese selbstbewusste schöne Dienerin.

„Höre, Hari, ich möchte der erhabenen Königin zur Vollendung ihres siebenunddreißigsten Jahreslaufes eine Stele im Palasthof aufstellen lassen. Darauf soll das Zeichen ihrer Herrschaft prangen um jedermann daran zu erinnern, dass sie die alleinige Herrin des Palastes und Herrscherin der Gemeinschaft ist."

Hari hörte sich die Worte des Königs an, und ein leises Misstrauen zeichnete sich auf ihrem ebenmäßigen Gesicht ab. Fald, der bei dem Gespräch anwesend war und sich im Hintergrund hielt, war das nicht entgangen. „Hari, mein Herr hat dieses Vorhaben in einem Traum vermittelt bekommen. Es war bestimmt die Eingebung einer Himmlischen." „Und dieser Eingebung muss ich Folge leisten. Bei meinem Seelenheil", ergänzte der König. Es war ein wirklich gelungenes Schauspiel der beiden Männer! Als Hari für ihre Hilfsbereitschaft auch noch ein paar Goldmünzen erhielt, willigte sie ein. Dass über dieses Gespräch absolutes Stillschweigen zu herrschen habe, sei selbstverständlich, erinnerte sie der König. „Ich möchte meine Gattin und Herrin damit eine Geburtstagsüberraschung bereiten!"

Der König bat die Dienerin, heimlich eine möglichst exakte Zeichnung auf einer Tontafel, wie sie im Palast zur Dokumentation wichtiger Ereignisse verwendet wurden, zu erstellen. Die Dienerin versprach, die Zeichnung aus ihrer Erinnerung und mit Hilfe von Beobachtungen anzufertigen und sie möglichst bald vorbeizubringen. Ein

Monument mit dem Herrschaftssymbol, das gefiel ihr außerordentlich. Dann würde der letzte Mann verstehen, wer nun das alleinige Sagen hatte!

Der Bronzeschmied

Als Hari gegangen war, atmeten die Beiden erleichtert auf. Es schien nach Plan zu laufen! Nun wurde Nor gerufen, der den Auftrag erhalten hatte, mit seinem rätischen Freund über diesen Auftrag zu sprechen. Er wurde aufgefordert, den Bronzeschmied in den Palast zu holen. Es dauerte nicht lange, und ein klein gewachsener magerer Mann mit wachen Augen und struppigem kohlschwarzem Wuschelkopf betrat das Turmzimmer. Der Schmied verstand sofort, worum es ging. Schon klar. Es sollte das Gussverfahren angewandt werden. Ob er, der Schmied, über genügend Bronze verfüge?
Innerhalb eines Umlaufes der Mondgöttin war es geschafft. Der König hielt eine dem Original angeblich täuschend ähnliche Kopie der magischen Fibel in den Händen und spielte gedankenverloren mit den Klapperblechen. Ja, da war dieses böse Gesichtchen mit den hervorstehenden Zähnen in der Mitte. Alles da!

Das Fest der Erneuerung

„Hat diese Dienerin keinen Verdacht geschöpft, dass es da gegen ihre Herrin und gegen ihre Macht als Frau ging?", fragte Ern, die Größere. „Also, mit wäre das alles schon komisch vorgekommen."
Die Großmutter lächelte. Ern war ein überaus kluges, überaus kritisches Mädchen. „Ich glaube, die Männer haben ihr so geschmeichelt, dass ihr jedes Misstrauen vergangen ist." „Und da waren auch die Goldstücke", ergänzte Idi.

„Und, Großmutter Aun, komm, wie ging es weiter?"
Aun genoss die Spannung, in die die Erzählung die Mäd-
chen versetzte. Sie zögerte die Fortsetzung absichtlich hin-
aus, um die Beiden noch weiter auf die Folter zu spannen.
„Ach wisst ihr", sagte sie gespielt bekümmert, „ich muss
nachdenken. Das ist alles lange her." Sie stand auf und
streckte sich. „Meine alten Knochen, wisst ihr", sagte sie
und grinste. Irgendwann fuhr sie dann aber doch fort, und
die Kinder hörten mit offenen Mündern zu: „Das Fest der
Erneuerung sollte dann stattfinden, wenn die Göttin ihr
Auge weit geöffnet hat. Dann würde das Volk zum Tem-
pel strömen und nach einem Opferfest die Erneuerung
des Amuletts vollziehen. Dazu wurden eigens Priester der
besiegten Gemeinschaft geholt, die das Zeremoniell be-
herrschten."

Es war ein magischer Abend.
Das Auge der Göttin war ins Haus der Sieben Schwestern eingetreten und hüllte alles in silbernes Licht. Der
Tempel erstrahlte im Schein Tausender Fettlichter und
Fackeln. Es hatte den Anschein, als sei er ein lebender
Organismus und würde sich in fließender Bewegung befinden. Bronzeposaunen erschallten, als die Hohepriesterin mit den Priestern der besiegten Gemeinschaft im
weit geöffneten Tor erschienen. Die Menschenmenge
wurde von Wächtern angehalten, einen freien Korridor
zwischen dem Palast und dem Tempel zu öffnen. Rufe
schallten. Dann hub ein Gesang aus tausend Kehlen an,
der das Loblied der Großen Mutter sang. Darauf erschien
die Königin mit dem goldenen Haar, hinter ihr der König
und die weiblichen Mitglieder der Familie. Mit Abstand
folgte der Zug der Männer. Der Zug schritt zum Tor und
machten vor den Priestern Halt.
Knisternder Lichtschein eines gewaltigen Feuers, das

im Inneren entfacht worden war, spiegelte sich auf den Türmen des Tempels wider. Die Königin trat mit ihrem Gefolge in den Tempelhof. Während draußen die Menschenmenge zum Klang von Trommeln und Bronzetrompeten religiöse Lieder sang, streute die Königin symbolisch eine Handvoll Gerste in das Opferfeuer, in dem drei geschlachtete Widder verbrannten.

Die Täuschung

Der König hatte mit Hilfe seines Freundes, des Hauptmanns, alles bis ins kleinste Detail durchgeplant. Nor und Fald waren als Mitglieder der Wachmannschaft Teil des Gefolges und wichen der Königin und ihrem Gemahl nicht von der Seite. Im Inneren des Tempels stand auf einem dreibeinigen Tisch ein Bronzebecken mit Wasser aus der heiligen Quelle. Nun trat die Hohepriesterin vor die Königin, reckte die Arme zum nachtschwarzen Himmel, in dem die fernen kleinen Lichter strahlten, und drehte ihr Gesicht dem weit geöffneten Auge der Göttin zu. „Herrin der Nacht", begann sie mit dunkler Stimme, „Gebieterin der Sieben Schwestern, oh du Göttin mit dem offenen Auge. Deine Diener haben das Amulett deiner Herrschaft aus einem fremden Land hierhergebracht. Nun verfügen deine Gehilfinnen, die rechtmäßigen Trägerinnen der Macht, über die Stellung, die ihnen mit deinem Segen von Alters her zusteht."
Einer der weiß gekleideten Priester stieß in ein Muschelhorn. „Ihr Männer", rief die Hohepriesterin, „ihr, die ihr euch lange, allzu lange über die Frauen gestellt und ihnen Unterdrückung und Unterwerfung aufgezwungen habt", sie machte eine bedeutungsvolle Pause. „Kniet nieder und bezeugt euren Willen, euch euren Herrinnen zu unterwerfen. Zu unterwerfen bis ans Ende der Zeit."

Nachdem die Männer, auch der König, sich niederge-
kniet und „Wir schwören!", gemurmelt hatten, wurden
sie aufgefordert, sich wieder zu erheben um mitverfolgen
zu können, wie das Amulett, das Zeichen ihrer Unterwerfung, erneuert wurde.

„Tretet vor, Priesterinnen der gefallenen Gemeinschaft,
ihr wiedererstarkten Schwestern, und vollzieht die Zeremonie der Reinigung wie ihr das in eurer Heimat getan habt. Wir verstehen diese Feier als Fest der Übergabe
und der Neuausrichtung unserer Gemeinschaft."

Die Hohepriesterin trat zurück, während drei Priesterinnen der gefallenen Gemeinschaft die Königin anwiesen,
sich auf einen Schemel zu knien. Dann trat die Hohepriesterin vor und nahm der Königin das Amulett ab.

Ein aufgeregtes Raunen ging durch die Menge. In diesem kurzen Augenblick war die Königin ohne magischen
Schutz! Als die Priesterin das Amulett in das Becken mit
dem heiligen Wasser legte, um es zu reinigen und ihm
neue Energie zu verleihen, erfolgte der Schritt, den der
König mit seinen beiden Getreuen exakt geplant hatte.

Eines der drei Beine des Tisches, auf dem das Becken mit
dem heiligen Wasser ruhte, knickte durch einen leichten
Stoß, den Fald, der Hauptmann, ihm heimlich versetzte,
ein. Das fiel in dem Augenblick, wo alle Augen auf die
Priesterin und die Königin gerichtet waren, niemandem
auf. Das Becken kippte um. Die Priesterinnen und die
Königin wichen aufschreiend zurück. Nor, der Wächter,
stürzte vor, angeblich um das fallende Becken aufzuhalten. Dabei tauschte er blitzschnell das magische Amulett
mit der Kopie aus.

Nun eilten weitere Bedienstete herbei und halfen der Königin und den Priesterinnen beim Trocknen ihrer Kleider. Die Hohepriesterin griff nach dem auf dem Boden

liegenden Amulett und benetzte es mit dem Wasser, das in der Bronzeschüssel verblieben war. Dann gab sie es an die Königin zurück. „Oh Himmlische", rief diese mit bebender Stimme, „sieh uns das Ungemach nach, wir flehen dich an! Wir werden zur Sühne drei weitere Widder opfern. Verleih dem Amulett neue Kraft, auf dass die Königin weise und barmherzig regieren möge."

Fald hatte die Aufregung genutzt, um den verunglückten Tisch nach hinten in eine Ecke des Tempelinneren zu schaffen. Niemand durfte entdecken, dass ein Bein angebrochen war!

Die Kinder hatten der Großmutter atemlos zugehört. Nach einer längeren Pause fragte Ern: „Großmutter, wie ging es weiter? Was hat Fald mit dem echten Amulett gemacht? Jetzt war ja er der Mächtige, oder?"

Großmutter schüttelte langsam den Kopf, stand auf und legte ein paar Äste nach. „Nein, Kinder. Das war so: Das Amulett gab nur Frauen die unumschränkte Macht! Auf Männer hatte es keinerlei Wirkung." Idi, die Kleine, war inzwischen im Schoß der Großmutter eingeschlafen und lächelte im Schlaf.

Die Zerstörung der Macht

Fald und Nor, der Krieger von der Peterbühl-Gemeinschaft, wurden nach der Zeremonie, die bis zur Mitte der Nacht andauerte, in das Turmzimmer des Königs gerufen. Nor legte ein Bündel auf den Tisch vor den König, der noch wie betäubt war und nicht glauben konnte, dass der Austausch der Amulette so reibungslos gelungen war. Langsam wickelte er das Bündel auf. Ein matt glänzendes Artefakt lag vor ihnen auf dem Tisch. Es sah der Kopie wirklich täuschend ähnlich. Die Königin würde den Austausch mit größter Wahrscheinlichkeit nicht bemerken. „Schaut, das Original sieht in der Farbe etwas stumpfer aus", sagte Fald besorgt. „Hoffentlich fällt das der Königin nicht auf." „Es wird wohl so sein", sagte Nor, der Krieger von der Peterbühl-Gemeinschaft, „dass die Königin den veränderten Farbton bestimmt der reinigenden Kraft des heiligen Wassers zuschreiben wird." Damit gaben sich die drei zufrieden. Würde die Übermacht der Frauen nun gebrochen sein?

Tags darauf wurde der König von einer Unruhe geweckt, die den gesamten Palast erfasst zu haben schien. Aufgeregte Schreie gellten durch die Gänge und Hallen. Es schien so, als sei der Betrug nun doch aufgeflogen! Da traf der König, der aus dem Bett gesprungen war und durch den Fensterschlitz aufgeregt in den Hof schaute, eine Entscheidung, die den Verlauf der Zukunft verändern würde: Er holte das Amulett aus seinem Versteck und zerbrach es in zwei Teile. Niemals, niemals sollte das Amulett wieder benutzt werden können, um Menschen zu unterdrücken.

Draußen im Palast war langsam Ruhe eingekehrt. Niemand kam in das Turmzimmer des Königs, um ihn wegen des Vorfalls zur Rechenschaft zu ziehen. Auf seine Nachfrage wurde ihm mitgeteilt, dass die Königin auf einer der Stufen zum Esszimmer ausgerutscht war und sich einen Fuß verdreht hatte. Es gehe ihr aber gut. Sie bestehe darauf, dass er trotz allem zur Ableistung der täglichen Unterwerfungszeremonie zu ihr kommen soll. Der König schmunzelte, was den Bediensteten, der ihm den Befehl überbracht hatte, irgendwie verblüffte: Hatte er sich nun endgültig mit seinem Schicksal abgefunden, der König?

Das Erbstück

Die Großmutter schien in Gedanken versunken. Endlich flüsterte Ern, um die kleine Idi nicht aufzuwecken: „Großmutter, woher weißt du denn das alles so genau? Du erzählst das fast so, als seist du selber mit dabei gewesen."
Die kritische Ern! Sie hatte sie entlarvt. „Es ist Zeit, dass ich dir auch den Rest der Geschichte erzähle", sagte die Großmutter. „Du bist nun groß genug, um alles zu erfahren." Sie legte die kleine Idi behutsam auf ein neben ihr ausgebreitetes Fell, ging aus der Hütte und stieg von hinten in das obere Stockwerk. Darauf kam sie mit einem Bündel zurück und legte es vor Ern auf den Boden. „Schlag das Tuch auseinander", forderte Großmutter Ern auf. „Komm, mach". Ern öffnete das Bündel und konnte einen Aufschrei nicht unterdrücken. „Das Amulett!", sagte sie entgeistert, „das ist das Amulett!"
Die kleine Idi war protestierend aus ihrem Schlaf erwacht. Doch als sie das Amulett, eine Halbmondfibel mit einem kleinen eingeprägten Menschengesichtchen, auf dem Boden liegen sah, war sie wie aus dem Häuschen. „Wie ist das möglich?", riefen die Beiden durcheinander.
Großmutter klärte die Beiden nun auf, dass es ihr Großvater, der Ururgroßvater der beiden Mädchen, gewesen war, Nor, der Krieger, der diesen Teil des Amuletts für seine unschätzbare Hilfe vom König zum Geschenk erhalten hatte. Es sei ein Erbstück, das von Generation zu Generation weitergegeben wurde in Erinnerung an einen berühmten Vorfahren, der seinen König und das gesamte Königreich aus großer Not gerettet habe.
Die andere Hälfte des Amuletts habe Fald erhalten, der treue Hauptmann.
Noch zwei weitere Schätze befanden sich, getrennt und sorgfältig eingewickelt, im Bündel. Behutsam nahm die

Großmutter erst das eine, dann da andere aus dem Tuch und zeigte sie den Kindern, die große Augen machten. Das eine war die Hälfte eines offenen Halsreifs mit einigen Klapperanhängern. Das andere war eine unvollständige Halbmondfibel, an der ebenfalls noch einige Klapperanhänger baumelten. Diese beiden Schmuckgegenstände aus Bronze hatte ihr Urgroßvater, der Krieger, als Beute aus jenem Feldzug mitgebracht.

Auf die Frage von Ern, wie es den Frauen ergangen sei, nachdem sie ihre Übermacht verloren hatten, sagte die Großmutter, dass sie nur wisse, dass die Frauen durch diese Erfahrung ein starkes Selbstvertrauen gewonnen hätten, das auch ohne Amulett andauerte.

Männer wie Frauen lebten in Zukunft gleichberechtigt zusammen, und niemals wieder stellte sich ein Geschlecht über das andere.

∼

Die „Völser Halbmondfibel mit menschlichem Antlitz"

Dieses Artefakt aus gegossener Bronze ist sozusagen das Highlight der auf dem Peterbühl ausgegrabenen Fundstücke. Es handelt sich um eine Fibel, also um eine Gewandschließe, allerdings nicht einfach um eine Nadel, wie wir sie heute kennen. Fibeln hatten neben ihrer Aufgabe, zwei Stoffteile aneinander zu heften, noch eine andere Eigenschaft: Sie waren zugleich eine Art Brosche und damit ein Schmuckstück.

Die Halbmondfibel ist unvollständig erhalten und gibt Rätsel auf. Die Fachleute stellen alle möglichen Überlegungen an. Mehrere Archäologen sind der Ansicht, dass es sich um einen Gegenstand handelt, der mit einer weiblichen Gottheit, vielleicht Reitia (Rätia) in Verbindung steht.
Das Alter des Artefakts wird auf etwa 2.700 Jahre geschätzt.

In Haus A, wo diese Fibel entdeckt worden ist, wurde eine weitere Halbmondfibel gefunden sowie ein Halsreifen, beide ebenfalls mit Klapperblechen versehen. Manche Forschende meinen, diese Klapperbleche sollten durch die klappernden Geräusche, die beim Gehen verursacht wurden, böse Geister fernhalten.

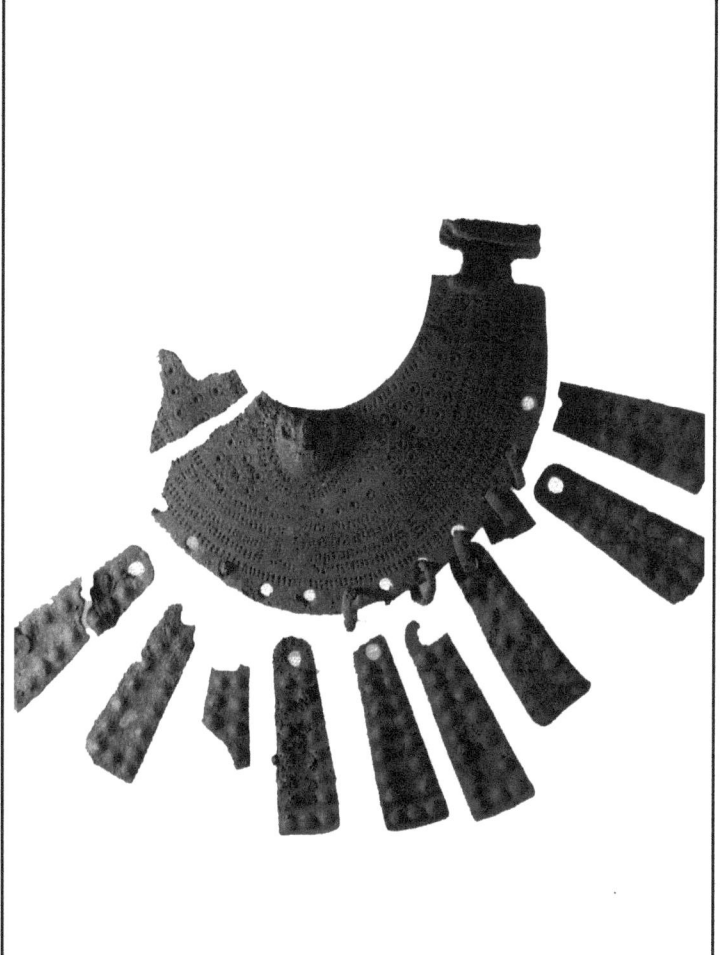

Die berühmte Halbmondfibel mit Menschenköpfchen.
Bronzeguss

Haus E

Der Überfall

Er war in die Jahre gekommen, der alte Har. Fünfzehn Jahresläufe alt war er gewesen, als eine feindliche Gruppe von Kriegern ihre Wallburg angegriffen hatten. Die wilde Horde suchte gezielt nach Metallgegenständen, dem kostbarsten Besitz einer Gemeinschaft. Jedes Haus wurde auf den Kopf gestellt und geplündert. Anschließend wüteten die Männer außer Rand und Band in der Gemeinschaft. Sie schossen Feuerpfeile auf die mit Gras und Ried gedeckten Dächer und steckten die Häuser in Brand. Da sie mit ihrer Beute unzufrieden zu sein schienen, tobten sie sich hemmungslos aus.

An den Bewohnern selbst waren sie nicht interessiert. Es kam zu keinem Massaker, auch weil die Bewohner in heller Panik in die Wälder flüchteten, wohin ihnen die Angreifer auf ihren Pferden nicht folgen konnten. Von fern mussten sie ohnmächtig zusehen, wie ihre Siedlung in hellen Flammen stand. Mit Pferden waren sie gekommen die Eroberer, auf struppigen ungepflegten Tieren, wer weiß aus welchem Land. Ihre Rufe tönten in einer unverständlichen Sprache, harte, fremdartige Laute.

Die Schnagg-Gemeinschaft, Har's Heimat, war nicht mehr. Die Geflüchteten hatten sich auf eine angrenzende Anhöhe zurückgezogen. Manche der Kinder weinten still vor sich hin, andere waren vor Schreck erstarrt und ließen sich von ihren Eltern willenlos in ein Versteck ziehen. Har, der kleine Junge, sah mit den anderen Bewohnern der Schnagg-Gemeinschaft sein Dorf in einem Flammenmeer versinken.

Er erinnerte sich daran, wie einige der Männer nach dem ersten Schrecken anfingen, sich Vorwürfe zu machen. Der Rat der Älteren musste sich von den jungen Männern den Vorwurf gefallen lassen, dass die Verteidigung der Gemeinschaft vernachlässigt worden sei. „Ihr habt es nicht für nötig befunden, den Wall instand zu setzen",

grollte einer. „Obwohl wir immer wieder darauf hinge-
wiesen haben". „Und Waffen haben wir uns auch keine
angeschafft. Was konnten wir mit unseren paar Hieb-
messern schon ausrichten."

Es stimmte. Der Rat der Älteren war davon ausgegangen,
dass die Göttin mit dem leuchtenden Auge und der Gott
mit dem strahlenden Gesicht sie schützen würden, wenn
sie nur die Opferfeiern abhielten, wie sie seit Alters her
Brauch und Sitte waren.

Erst im Frühjahr, zur Zeit des Wechsels der Herrschaft
der beiden Gottheiten, waren sie gemeinsam mit den
Verwandten von der Peterbühl-Gemeinschaft auf dem
Schal-Ern gewesen, auf dem mächtigen Bergrücken, auf
dem der Opferaltar der Rait steht, und haben einen Widder geopfert. Einige junge Männer sind auf die Bergspit-
ze des Tschafon, um zu Ehren des Gottes mit dem strahlenden Gesicht in Richtung seines täglichen Abstiegs ein
Schaf zu opfern. Die Frauen haben die Quellheiligtümer
aufgesucht, um ihren Schmuck zu reinigen und für den
Priester heiliges Wasser zurück zur Gemeinschaft zu
bringen. Die Himmlischen sind manches Mal grausam.
Man kann ihr Wirken oft nicht verstehen.

Die kleine Gemeinschaft suchte in der aufkommenden
Dunkelheit nach dem Priester. Er sollte Gebete sprechen,
um die Himmlischen um Schutz für die nächsten Tage
zu bitten. Einer der jungen Männer kam von seinem Be-
obachtungsposten zurück. „Sie sind fort", meldete er.
„Hinunter ins Tal, wie es ausschaut." Alle atmeten auf.
Zumindest war kein weiterer Angriff mehr zu erwarten.

Ein gefährlicher Weg

Die Gemeinschaft saß auf der Lichtung des Köhlers betrübt zusammen, während unter ihnen ihre Häuser in

Schutt und Asche sanken. Da sagte plötzlich einer der Männer des Rats: „Die Peterbühl-Gemeinschaft! Wir haben auf die Peterbühl-Gemeinschaft vergessen!"

Der Rat suchte unter den heimatlos Gewordenen nach einem Läufer. Er sollte sich auf den Weg zu den Verwandten und Freunden machen und sie vor einem möglichen Überfall warnen. Alle schauten verlegen weg. Keiner der Erwachsenen traute sich, diesen gefährlichen Auftrag anzunehmen, schon gar nicht so kurz nach diesem fürchterlichen Erlebnis, wo alle mit ihrem eigenen Los beschäftigt waren. Nein, es war niemandem danach zumute, die verkohlte Siedlung, die verlorene Heimat, zu verlassen und hinaus ins unberechenbare Dunkel zu gehen. Man wollte beieinander bleiben in der aufziehenden Nacht, die die Schnagg-Gemeinschaft im Freien ohne den Schutz ihrer Behausungen verbringen musste.

Es war dann Har, der sich ein Herz fasste. Er erklärte sich bereit, den ungewissen Weg durch die beginnende Nacht anzutreten. Arn schaute seinem Bruder, den jetzt alle für seinen Mut bewunderten, voller Angst nach. Es trieben sich übelwollende Geister im Wald herum, die sich nur vom Bach der Quelle mit dem heiligen Wasser fernhielten, sonst aber jederzeit auftauchen und Unheil bringen konnten! Es war allen bekannt, dass irrende Tote Lebenden auflauern, denen sie ihr Leben neiden. Har stapfte los. Segenswünsche begleiteten ihn. Einen Teil des Weges würde er mit einem brennenden Ast ausleuchten und Unheil abwehren können.

Der klagende Ruf des Totenvogels jagte nach diesen fürchterlichen Erlebnissen des Überfalls dem einen und anderen der Zurückgebliebenen einen Schauer über den Rücken. Ob er Har galt, Arn's Bruder? Für heute richteten sich die Geflohenen am Rand der abgebrannten Siedlung ein notdürftiges Lager aus Ästen und Reisig her. Mit Schrecken stellten sie fest, dass auch das für die Aussaat zurückgelegte Getreide verbrannt war. Auch die im Haus der Ahnen gelagerten Vorräte an getrocknetem und geräuchertem Fleisch sowie alle Brotfladen waren vernichtet. Alles war ein Raub der Flammen geworden. Was für sinnloses Wüten, wo es der Horde anscheinend doch vor allem um Werkzeuge und Geräte aus Metall zu gehen schien.

Einige der größeren Kinder fanden in einem Kalten Keller ein paar Essensreste, die für ein paar Tage ausreichen mussten. Kalte Keller wurden von der Gemeinschaft angelegt, um verderbliche Lebensmittel aufzubewahren. Es waren mit Holz und Steinen gegen wilde Tiere abgesicherte natürliche Felshöhlen, in denen aus der Höhe absteigende kalte Luft Verderbliches einige Zeit frischhalten konnte. In diesen Kellern wurde im Winter auch Eis eingelagert, was die Temperatur noch zusätzlich absenkte. Wölfe waren um diese Jahreszeit nicht zu befürchten, und auch herumstreifende Bären waren in letzter Zeit kaum gesehen worden. Die Schafe hatten sich in die umliegenden Wälder zerstreut. Einige kamen dann aber mit Hilfe von Lockrufen zögerlich und verängstigt zurück. Die wenigen Kühe und Maultiere, die sich in einem Pferch befunden hatten, hatten das Weite gesucht. Morgen würden die Jüngeren versuchen, sie einzufangen. Davon hing das Überleben der Gemeinschaft ab.

Die gütige Göttin hatte Harʻ Weg mit ihrem leuchtenden Auge begleitet und hat ihn vor Unheil beschützt. Nun stieg der Junge erleichtert jenseits des Teiches den Hügel empor und wurde augenblicklich von zahlreichen Fackeln umringt.

„Har, du?", rief ein Verwandter, als er ihn kannte. „Was ist denn los drüben auf Schnagg? Was sind das für Feuer?? Das Fest des Übergangs ist doch schon einige Zeit vorüber."

Har setzte sich an der Stelle, wo er angekommen war, auf den Boden und schnappte nach Luft. Als er sich etwas erholt hatte und wieder zu Atem gekommen war, schaute er in die Runde. Viele der Einwohner der Peterbühl-Gemeinschaft hatten sich um ihn versammelt und standen erwartungsvoll da. Der Führer des Rates der Älteren bahnte sich einen Weg und ging auf ihn zu. Er strich ihm über das verschwitzte Haar und sagte freundlich: „Har, Junge, Sohn des Ker. Du bist ja ganz außer Atem. Ist etwas passiert drüben in der Schnagg-Gemeinschaft? Komm, berichte."

Har's Botschaft

Har hatte sich mittlerweile so weit erholt, dass er zwar stockend, aber für alle Anwesenden verständlich den Überfall auf die Gemeinschaft schildern konnte. „Wie aus dem Nichts sind sie aufgetaucht", sagte er und schaute ins Leere. „Vielleicht zwei Dutzend waren es. Berittene." Er machte eine Pause, während ihm eine seiner Verwandten ein Fell um die Schultern legte. Der Junge roch nach verbranntem Holz und versengten Haaren, schien aber unverletzt. „Habt ihr Verluste?", fragte einer der Anwesenden und schaute ihn mitfühlend an. Alle atmeten auf als Har berichtete, dass es die fremden Eindringlinge ausschließlich auf ihre Werkzeuge und überhaupt auf alles, was aus Metall war, abgesehen hatten. Nein, verletzt sei niemand geworden. Aber die gesamte Siedlung sei abgebrannt.

Dann erinnerte sich Har an seinen Auftrag, dessentwillen er diesen Weg auf sich genommen hatte. „Es kann durchaus sein, dass die Angreifer auch euch hier heimsuchen!", sagte er und sprang auf die Füße. „Ich soll euch warnen! Das ist mein Auftrag."

Die Männer der Gemeinschaft waren alarmiert und trafen mit gegenseitigen Zurufen Vorbereitungen für die Verteidigung der Siedlung. Nun kam ihnen zugute, dass sie bestens gerüstet waren. Sie überwachten ja ständig den Karrenweg unten im Tal und den Kupfertransport von der anderen Talseite hierher. Die Gemeinschaft verfügte darum über genügend Lanzen und Messer sowie über kampferprobte Krieger. Der Anführer des Rates gab eine kurze Anweisung. Im Nu waren die jungen Männer kampfbereit. Sie schwärmten aus und besetzten den Außenbereich der Hügelkuppe. Ihre Fackeln leuchteten drohend ins Dunkel und signalisierten, dass die Gemeinschaft bereit war, sich zu verteidigen. Auch am Fuß des Hügels wurden Fackelfeuer aufgerichtet, sodass es unmöglich war, den Hügel an seinen empfindlichen Stellen im Osten und Süden unbemerkt zu stürmen. Eine Felltrommel ließ einen drohenden Rhythmus ertönen, und die Männer versetzten sich durch ein gemeinsames rhythmisches „Uah, uah" in Kampfstimmung. Nein, Angreifer würden es nicht leicht haben. Nachdem der Junge berichtet hatte, dass die Fremden mit Pferden angerückt seien, würde ihnen nichts anderes übrig bleiben als abzusteigen und den Hügel zu Fuß zu stürmen, anders als in der Schnagg-Gemeinschaft, zu der ein leicht ansteigender Hang führte, der mit Pferden leicht zu bewältigen war.

Zeit verging in höchster Anspannung. Auch Har beteiligte sich an der Wache, so müde und ausgepumpt er von den Ereignissen auf Schnagg und dem Fußmarsch auch war. Einmal glaubte einer der Männer, er habe im Südwesten einen kurzen Feuerschein aufleuchten sehen.

Es stellte sich jedoch heraus, dass in dieser Nacht nichts weiter passierte. Irgendwann schickte der Rat die Männer zurück in ihre Hütten. Nur eine Mannschaft von fünf Wächtern blieb an Ort und Stelle auf Wache.

Tags darauf versammelten sich die Bewohner auf der Kuppe vor dem hölzernen Wachturm. Es wurde beschlossen, alle eisernen Gegenstände der Gemeinschaft im Haus (R) am südlichen Eck der Häuserreihe unterzubringen. Es war das Haus des Kert, der dort mit seinem Bruder in einem gemeinsamen Haushalt lebte. Beide gehörten zu denjenigen Männern, die ohne viele Worte schwierige Angelegenheiten für die Gemeinschaft erledigten. Sie genossen bei den übrigen Mitgliedern der Gemeinschaft größten Respekt. Kert hatte als junger Mann mehrere Jahre in der Stufels-Gemeinschaft unten im Tal gelebt und war dort zu einem Krieger an der Lanze und am Schwert ausgebildet worden. Nein, an Kert würde keiner kampflos vorbeikommen! Und sein jüngerer Bruder Lar war auf dem besten Weg, es ihm gleichzutun. Diese Verfügung, Eisengegenstände in einem einzigen Haus zu konzentrieren, sollte einen Mondzyklus dauern. In dieser Zeit würden verstärkt Opferhandlungen vollzogen werden, hier und auf dem Berg Schal-Ern, um die Gottheiten milde zu stimmen und sie um Verschonung vor Unheil zu bitten.

Wiederaufbau auf Schnagg

Har kehrte mit einigen der Verwandten und einem Wagen mit Eisenwerkzeug sowie einem Korb mit Brotfladen zurück zur Schnagg-Gemeinschaft und zu seiner Familie. Wie sehr ihn sein kleiner Bruder vermisst hatte! Er stürmte ihm jubelnd entgegen. Man wusste, dass Har den Weg geschafft hatte und die Gemeinschaft warnen konnte. Die Fackelfeuer drüben in der Peterbühl-Gemeinschaft waren auf Schnagg deutlich zu sehen gewesen. Die jungen Männer umringten Har und klopften ihm anerkennend auf die Schulter, während die Mädchen das Ganze von weiter weg beobachteten und schüchtern winkten.

Har half beim Wiederaufbau des Dorfes, der dank der Mithilfe aus der Peterbühl-Gemeinschaft und aufgrund des Zusammenhalts schneller vonstattenging, als man angenommen hatte. Die Hausgruben wurden vom Brandschutt geräumt, viele der Steine konnten weiterhin verwendet werden. Bäume von geringem Durchmesser wurden gefällt und als Stehpfeiler verwendet, auf die die Dachkonstruktion gesetzt wurde. Frauen und Kinder gingen Tag für Tag zum Moor im Südwesten und schnitten Schilf und Riet.

Es kam der Gemeinschaft zu Hilfe, dass die Zeit des Übergangs noch nicht lange vorüber war. Der Gott mit dem strahlenden Gesicht, Etan, hatte nun das Sagen. Die Herrschaft der Rait, der Göttin mit dem leuchtenden Auge, war für einige Zyklen begrenzt. Die Tage waren wolkenlos, und täglich nahmen sie an Wärme zu. Mehrere Schafe mussten geschlachtet werden, um die Gemeinschaft zu ernähren, nachdem die Notvorräte des Kalten Kellers und die Fladenbrote aufgebraucht waren.

Einigen der größeren Kinder war es gelungen, zwei der Rinder heimzuholen. Sie sträubten sich heftig und versuchten immer wieder auszubrechen. Der Brandgeruch, der immer noch über der Siedlung lag, schien sie zu ängstigen. Optimismus breitete sich in der neu erstehenden Gemeinschaft aus. Das Überleben schien nun gesichert. Auch andere der umliegenden Gemeinschaften hatten der Schnagg-Gemeinschaft ein paar Eisengeräte geliehen, sodass die Bauern in der Zeit der längeren Helligkeit die Felder zügig bearbeiten konnten. Wenn die Götter ihnen gewogen waren, würde es trotz des Unglücks sogar einen Überschuss an Getreide und Tieren geben, den man in der Rungg-Gemeinschaft gegen Metallgeräte eintauschen konnte.

Har wird Mitglied der Peterbühl-Gemeinschaft

Har war in die Peterbühl-Gemeinschaft übersiedelt. Er kam bei Verwandten unter, bis er sich ein eigenes Haus bauen konnte. Die Gemeinschaft hatte nicht vergessen, was er für sie riskiert hatte, als er sich mitten in der Nacht auf einen gefahrvollen Weg gemacht hatte, um sie, die Peterbühl-Gemeinschaft, zu warnen. Die Männer lobten seinen Mut. „Har, Junge," hatte ihn Kert, der allseits Bewunderte, angesprochen. „Die Götter müssen auf deiner Seite stehen. Dein Mut ist groß und ich habe dich darum in mein Herz geschlossen. Ich werde den Rat fragen, ob er dir die Erlaubnis gibt, gleich hier oberhalb meines Hauses dein eigenes Heim zu errichten. Mein Bruder und ich werden dir beim Aufbau helfen." Har wusste nicht, wie ihm geschah, war er doch erst sechzehn Jahresläufe alt! Es kam so, wie Kert versprochen hatte. Bevor die Tage kürzer wurden und Rait ihre Herrschaft antrat, stand ein Haus, sein Haus, eineinhalb Ellen tief unterkellert und aus dem bloßen Felsen herausgeschlagen. Der Rat schenkte dem neuen Mitglied zum Einstand einen eisernen Türgriff. Welche Ehre! Aber das größte Geschenk kam von seinen Verwandten aus der nördlichen Häuserreihe: Ein Rebmesser mit einem Schleifstein! Nachdem die beiden Brüder, Kert und Lar, ihrem Schützling einen kleinen Hang am südwestlichen Fuß des Hügels zur Bearbeitung überlassen hatten, konnte Har einige Zeilen

Reben ziehen. Die Ernte teilten sich die beiden Brüder und er zu drei Teilen auf. Das war genug, wie Kert meinte, dass er zusammen mit seinem Wachdienst damit genug zum Leben hatte.

Kert hatte Har das Kriegerhandwerk beigebracht. Er stellte sich dabei so geschickt an, dass er bald schon zum inneren Wachdienst am hölzernen Turm berufen wurde. Das stand nur den Besten zu! Und er, Har aus der Schnagg-Gemeinschaft, gehörte nun dazu. Wenn das seine Eltern in Schnagg erfuhren!

Aber binden wollte sich der junge Mann nicht. Har's Aufenthalt in der Peterbühl-Gemeinschaft dauerte vier Jahresläufe. Dann nahm er Abschied und machte sich mit einem der Händler auf die Reise hinunter ins Tal zur Stufels-Gemeinschaft. Dort in jener bedeutenden Gemeinschaft wollte er schauen, ob er sich mit seinen Fähigkeiten als Krieger so viel Verdienste erwerben konnte, dass er damit in der Lage war, Eisengeräte für die Schnagg-Gemeinschaft zu beschaffen. Er hatte seine Familie, seinen kleinen Bruder dort nämlich keineswegs vergessen. Sein Haus würde bis zu seiner Rückkehr Lar zur Verfügung stehen, der die Absicht hatte, sich eine Frau zu nehmen.

~

Haus E

Haus E wurde nur unzureichend erforscht, weil die Grabungen auf dem Peterbühl wegen eines frühzeitigen Wintereinbruchs eingestellt werden mussten (Ende Oktober 1959).
An der südöstlichen Ecke des Hauses, wo sich wahrscheinlich auch der Eingang befand, wurde ein eiserner Türgriff sichergestellt.
Weitere Funde: ein Eisenmesser und zwei Schleifsteine, zwei Eisenringe sowie verformte Kupferstücke. Auch ein paar Teile von Tongeschirr sind unter Brandschutt zum Vorschein gekommen.

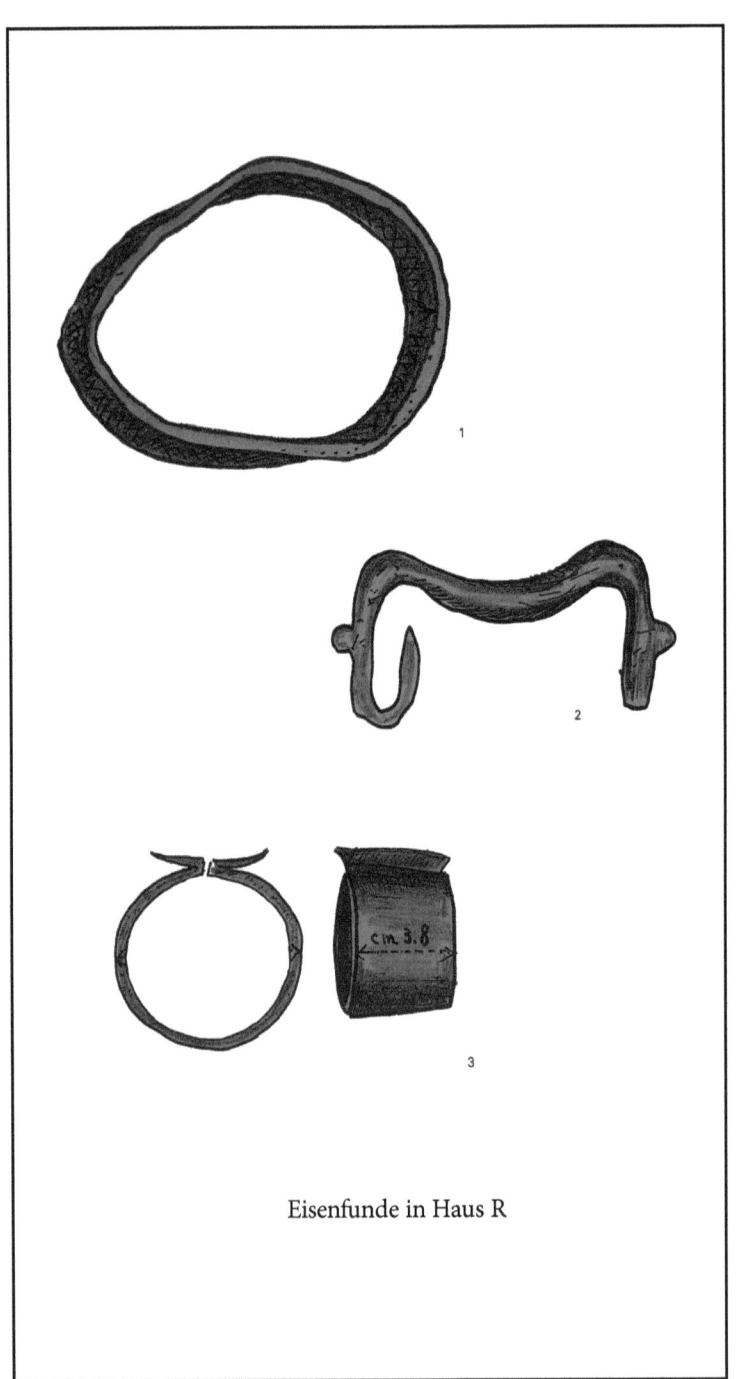

Eisenfunde in Haus R

Haus Q

Die Eroberung

„Salve, Kor!"

Corinnus hatte sich mittlerweile daran gewöhnt, dass er von den Bewohnern der Peterbühl-Gemeinschaft mit Kor angesprochen wurde – wenn überhaupt. Man ging sich für alle Fälle aus dem Weg. Da die Römer. Dort die Räter. Dazwischen: Sicherheitsabstand. Die Peterbühl-Gemeinschaft konnte auch nach mehreren Mondzyklen nicht verschmerzen, dass sie von den Römern, die aus dem Süden eingedrungen waren, sozusagen mit Links besiegt worden sind. Und nun waren sie PEREGRINI, eroberte Fremde, und in römisches Herrschaftsgebiet eingegliedert. Rait, die Göttin mit dem leuchtenden Auge, hat es zugelassen, wenn man auch oft nicht verstand, was die Himmlischen für Pläne verfolgten. Vier Männer waren niedergemetzelt worden, zwei mit gnadenloser Brutalität gleich bei der Erstürmung ihrer Siedlung durch Zenturio Sextus Valerius. Zwei weitere Männer, Ato und Geri, die ein paar übermütige Legionäre daran hindern wollten, sich an einem jungen Mädchen zu vergreifen, bezahlten mit ihrem Leben. Die Familien der tapferen Gefallenen standen seitdem in der Gemeinschaft in hohem Ansehen.

Fortan herrschte auf dem Peterbühl eine äußerst angespannte Ruhe, was den Zenturio veranlasste, beim Abzug eine größere als die übliche Besatzung zurückzulassen. Er selbst zog mit den übrigen Legionären zurück an den Isarcus, um sich mit den Legionen des Drusus zu vereinen. Von dort aus würden sie weiter in das finstere Germanien vorzurücken.

Die sechs römischen Legionäre, die sich auf diesem Hügel in einer von den Göttern verlassenen Gegend niedergelassen hatten, hatten dies nicht aus eigenem Wunsch getan. NONA, die gnadenlose Schicksalsgöttin, hatte ihnen dieses Los beschert. Valerius, der Zenturio, hatte die Peterbühl-Gemeinschaft zu einem Pagus, einem Verwaltungssitz, gemacht. Dieser sollte von hier aus das umliegende Gebiet kontrollieren und verwalten, das außerhalb der Dorfgemeinschaften nur dünn besiedelt war.

„Es ist schon klar", murrte Gero, der den Rat der Älteren anführte. „Es geht ihnen darum, dass wir ihnen Tribut zahlen." „Wenn es nur um Getreide, um ein paar Schafe und um unseren Honig geht, kommen wir eh gut weg. Ich bin sicher, dass sie früher oder später unsere jungen Männer zur Legion zwingen."

Es waren harte Zeiten angebrochen. Wie es wohl drüben bei der Schnagg-Gemeinschaft aussah? Der Rauch, der immer wieder über Schnagg aufstieg, konnte alles Mögliche bedeuten. Auf Befehl der Besatzer durfte ja kein Kontakt zu umliegenden Gemeinschaften aufgenommen werden. Die Römer fürchteten wohl Absprachen zum Zweck eines organisierten Widerstands. Mit den wenigen verbliebenen Legionären hätte man womöglich sogar Erfolg damit. Drusus schien mit seiner Streitmacht in Germanien festzustecken. Der Wachposten unten im Tal hatte signalisiert, dass es schon seit geraumer Zeit keine Nachrichten aus dem Norden mehr gegeben hat. Ausgesandte Meldereiter kamen nicht mehr zurück. So war die kleine römische Besatzung auf dem Peterbühl auf sich gestellt und darauf angewiesen, dass diese Barbaren nicht Wind davon bekamen, dass es im Falle eines Aufstandes keine römische Verstärkung geben würde.

Da es sich abzeichnete, dass der Aufenthalt der Legionäre sich in die Länge ziehen würde, fasste die kleine römische Besatzung den Entschluss, auf dem Peterbühl eigene Behausungen zu errichten. Das Leben in den Zelten war auf Dauer in diesem kargen Gebiet zu ungemütlich. Für die Legionäre war es absolut unverständlich, dass diese Räter nicht einmal über warme Bäder verfügten. Geschweige denn über ein Theater! Womit sich diese Barbaren im Winter ihre Zeit vertrieben, war für die luxusverwöhnten Besatzer ein Rätsel.

Römische Umgestaltung

Eines Tages rief der Decurio, der Befehlshaber der kleinen aber schlagkräftigen Truppe, die männlichen Bewohner der Peterbühl-Mannschaft auf dem Hügelplateau zusammen. Einer der Legionäre, der aus bereits erobertem rätischen Gebiet zu dieser Zenturie kam, Dacius mit Namen, hatte dort auf Befehl seines Zenturio die rätische Sprache gelernt. Für die Peterbühl-Gemeinschaft war dieser westrätische Dialekt einigermaßen verständlich.

Als alle versammelt waren, gab der Decurio mit einfachen klaren Anweisungen, die Satz für Satz übersetzt wurden, seine Befehle aus:

Als Erstes würde auf dem höchsten Punkt, an der Stelle, wo die Hütte der Ahnen stand, ein Steinbau errichtet werden. Der würde der neue Verwaltungssitz sein. Ausmaß und Ausrichtung würden noch bekannt gegeben. Dann würden einige Männer dazu verpflichtet, oberhalb der rätischen Häuserreihe, die nach Süden ausgerichtet ist, ein Haus zur Unterbringung der Soldaten zu errichten.

Ob es Einwände gebe? Die Stimme des Decurio war schneidend. Aus Erfahrung wusste man, dass Widerspruch oder gar Widerstand äußerst ungesund waren. So machten sich vier Männer an die Beschaffung der Steine, der Holzbalken und des Kalkmörtels. Andere fingen an, mit Hilfe ihres eigenen Werkzeugs und den von den Römern bereitgestellten Meißeln und Hämmern den felsigen Untergrund zu bearbeiten.

Zwei Räter, zwei Römer

Corinnus hatte mit Lucius, einem Freund aus der früheren Zeltgemeinschaft, die Aufgabe, die Arbeiten am Bauwerk zu überwachen. Die Barbaren rechneten es ihnen insgeheim hoch an, dass sie selbst auch mit Hand anlegten. Und so entstand eine Art Wettbewerb, wer von ihnen mehr zuwege brachte, sie, die beiden Männer der Peterbühl-Gemeinschaft, oder die beiden römischen Legionäre.

In der Glut des Spätsommers trugen Römer wie Räter nur einen Lendenschurz. Auch in dieser Hinsicht schienen die Römer einen Schritt weiter zu sein. Unter der Tunika trugen sie nämlich ein Untergewand. Das bestand aus einem breiten Streifen eines weichen Gewebes, das um die Hüften geschlungen und zwischen die Beine gezogen wurde. Das vorne überstehende Teil wurde in den so entstehenden Wickel gesteckt. Fertig war die römische Unterhose. Die Peterbühler hingegen verwendeten keinerlei Unterwäsche. Unterwäsche hätten sie als unhygienisch empfunden. Sie bestaunten aus den Augenwinkeln die zernarbten Oberkörper der Legionäre, die wie ein aufgeschlagenes Bilderbuch über unzählige Schlachten berichteten. Einer der Beiden, Lucius, hatte auf dem rechten Oberarm eine komplizierte Zeichnung aus blauen Linien, die sich nicht abwaschen ließ. Dacius, der Übersetzer, erklärte einmal bei einer Rastpause: „Das Tätowierung sein. In Hispania gemacht. Bei Basken.“ Lucius, der eigentlich ein recht netter Kerl war, grinste dazu und gab mit seinen Händen und einem verzerrten Gesicht zu verstehen, dass das eine sehr schmerzhafte Art der Körperzeichnung war. Die Räter im Tal benutzten Körperfarbe, wenn sie Überfälle in römisches Gebiet unternahmen. Die wurde aber auf Oberkörper und Gesicht aufgemalt und nicht in die Haut eingeritzt.

Während die Legionäre die weiblichen Mitglieder der Peterbühl-Gemeinschaft kaum beachteten – der strenge Geruch ihrer mit Rindertalg eingefetteten Haare hielt sie wirkungsvoll auf Distanz – war es umgekehrt ganz anders. Jüngere Mädchen in dem Alter, wo man sich für das andere Geschlecht zu interessieren beginnt, spionierten den Römern hinterher und liefen kreischend davon, wenn sie dabei ertappt wurden, wie sie die Fremden, etwa beim Verrichten der Körperpflege, heimlich beobachteten. Die abgebrühten Legionäre, die sich in römischem Gebiet im Bedarfsfall mit leichten Mädchen vergnügten, lachten bloß und wandten sich weiter ihrer Beschäftigung zu.

Der Wettkampf

Es blieb nicht aus, dass zwischen den am Verwaltungsgebäude und den am Haus Arbeitenden Reibereien entstanden. Deshalb organisierte der Decurio, der sich eigentlich als ein recht einsichtiger Mann erwies, einen Wettkampf. Das konnte die angespannte Lage entschärfen. Da Schwertkampf als Disziplin wegfiel – Barbaren durften keine Waffe in die Hand nehmen – einigten sich Besatzer und die Männer der Peterbühl-Gemeinschaft auf drei Disziplinen: Steinheben, Speerwerfen mit stumpfer Lanze und Weitspringen. Der Decurio behielt sich die Funktion des Schiedsrichters vor.

Tags darauf versammelte sich die gesamte Belegschaft des Peterbühl bevor die Spätsommerhitze einsetzte am westlichen Fuß des Hügels unterhalb der Getreidefeld-Terrasse. Der Decurio erschien in prächtiger Rüstung mit Federhelm, Schild und Beinschienen, die übrigen

Legionäre, die nicht am Wettkampf beteiligt waren, entsprechend ihres Dienstgrades. Corinnus trug stolz eine Phalera, eine silberne Verdienst-Scheibe, während Lucius mit einem Torques, einem keltischen Halsring auftrumpfte, der auf seinem Lederpanzer prangte. Drei der kräftigsten Legionäre würde sich mit drei der stärksten Barbaren messen. „Wehe euch, wenn ihr versagt!", hatte der Decurio seinen Legionären vorweg drohend verkündet. „Denkt daran, es geht weniger um eure Ehre als um die Ehre des Imperiums!" Und in versöhnlichem Ton fügte er hinzu: „Wenn ihr siegt, gibt es über euren Sold hinaus ein Preisgeld von zwanzig Sesterzen. Pro Kopf, wohlgemerkt. Pro Kopf! Also los! OPTIMUS VINCAT. Möge der Beste siegen!" Und die Besseren waren seiner vollen Überzeugung nach natürlich die Römer.

Es war ausgemacht, dass es, unabhängig von der Leistung eines jeden Einzelnen, lediglich einen Mannschaftssieg geben würde.

Es gab bei diesem Wettkampf neben dem Ehrgeiz, ja nicht zu versagen, durchaus auch lustige Einlagen. So war der eine Legionär, der beim Baumstammwerfen herumtänzelte und ulkige Verrenkungen vollführte, der ausgesprochene Star bei den Räterinnen. Besonders dann, wenn dabei seine unter der Tunika blendendweiß hervorlugende römische Unterwäsche sichtbar wurde. „Caius", riefen sie begeistert und klatschten in die Hände. „Bewege dein Hinterteil!" Eine Aufforderung in bester rätischer Sprache, die Caius leider nicht verstand. Um es kurz zu machen: Die kampferprobten Legionäre haben den Wettkampf gewonnen. Hauchdünn.

Erst im Nachhinein wurde durch eine undichte Stelle bekannt, dass der Decurio Einfluss auf die Auswahl der rätischen Wettkämpfer genommen hatte. Er hatte dem Rat der Älteren, der die Auswahl zu treffen hatte, eine harte Strafe angedroht für den Fall, dass die Peterbühl-Wettkämpfer siegten. Und falls dieses Gespräch bekannt würde, gäbe es eine weitere Strafe als Nachschlag. Das Römische Imperium hätte Bedarf an unverbrauchten Legionären. Man brauche es nur zu sagen, wenn man ein paar junge kräftige Männer der Peterbühl-Gemeinschaft entbehren könne! Das wirkte. Der Rat der Älteren überging bei der Auswahl seine besten Leute. Das wunderte die schon, aber sie dachten sich, der Rat wolle halt den Jüngeren eine Chance geben.

Lucius und Corinnus, genannt Kor

Die Stimmung hatte sich trotz allem nicht zum Besseren gewendet. Wieso denn auch, war die Peterbühl-Gemeinschaft ja gegen ihren Willen unter das römische Joch gekommen. Unter den vier am Hausbau beteiligten Männern entwickelte sich aber dennoch so etwas wie eine vorsichtige Kameradschaft. Langsam wurde es ihnen klar, dass sie ja eigentlich alle vier Unfreie waren. Lucius zum Beispiel war in einem ligurischen Bergdorf aufgewachsen. Legionär ist er geworden, nachdem sein Dorf abgebrannt war und es keine Aussicht auf eine Zukunft gab. Die Römer hatten das Ziegelwerk, in dem er arbeitete, kurzerhand geschlossen, um den jungen Männern die Arbeitsstelle wegzunehmen. So würde ihnen als einziger Ausweg die Legion bleiben. Das war die Absicht, und es hat funktioniert.
Auch Corinnus war gegen seinen Willen zur Legion gekommen. Sein Vater hatte bei einem Becher Wein in einer Taverne im Streit einem Zenturio eine Schaufel über den Kopf gezogen. Daraufhin musste zur Strafe einer seiner Söhne zum Militär, er selbst ist ausgepeitscht worden.
Als es eines Abends nach der Arbeit einen Becher Wein

gab, um Ceres, die römische Erntegöttin zu feiern, steigerten sich die vier ungleichen Männer derart in einen Ärger hinein, dass sie, jeder in seiner Sprache, auf die römischen Besatzer fluchten, was das Zeug hielt. Das schaffte für den Augenblick Erleichterung und ließ die vier ungleichen Handlanger des Imperiums enger zusammenrücken.

Der Hausbau schreitet voran

Um die römischen Vorräte kühl zu halten, die nur lückenhaft und in großen Abständen von der Ebene des Isarkus heraufgebracht wurden, wurde befohlen, das Haus, an dem gerade gebaut wurde, zu unterkellern. Das war bei rätischen Häusern aber sowieso der Fall. Eine schweißtreibende Arbeit. Und das in dieser Hitze, die nicht abnahm, obwohl der Sommer bereits weit fortgeschritten war. Ohne das hochwertige römische Eisenwerkzeug hätte man mehrere Mondzyklen benötigt. Abgesehen vom Keller mussten auch noch zwei der Wände aus dem Felsen herausgeschlagen werden.
„Ich habe in meinem ganzen Legionärsleben noch keinen solchen Stein gesehen", sagte Lucius und nahm einen Schluck Wasser aus dem Krug. „Du?" Der Angesprochene, Corinnus genannt Kor, kratzte sich am schweißnassen Kopf. „Doch, schon. Irgendwo." Er überlegte. Das war die Gelegenheit für eine willkommene Pause. „Ach ja, ich hab's! In Rom, auf dem Palatin. Im Kaiserpalast. Dort war's." Er spülte mit einem weiteren Schluck Wasser den Staub aus dem Mund und spuckte in den Sand. „Der Kaiser wollte für seine Räume unbedingt diese Art Stein, weil der irgendwie die Farbe von Purpur hat. Und Purpur sei die Farbe der Herrscher. Beim Jupiter! Ist das

lange her." „Was, du bist im Kaiserpalast gewesen?? In Rom? Das musst du erzählen. Ausführlich!" „Ja ja, nichts Besonderes. Ich war Hilfsprätorianer dort. Ein besserer Laufbursche. Aber die Uniform, die hatte was! Die machte dich um einen ganzen Kopf größer." Er grinste in der Erinnerung.

Der Decurio, der seine Runde machte um den Fortschritt der Arbeiten zu begutachten, unterbrach die Beiden und forderte sie auf, weiter zu arbeiten. „Die Zeit vergeht, Männer. Ihr könnt euch nicht vorstellen, was hier im Winter los ist. Saukalt wird es da! Meterweise Schnee! Und von heißen Bädern wie in den südlichen Provinzen könnt ihr nur träumen. Bis dahin muss alles fertig sein. Unbedingt!"

Die Männer von der Peterbühl-Gemeinschaft wussten, wo man gebrannten Kalk für das Verfugen der Steine und Verputzen der Wände her bekam. Die beiden Männer, die mit einem Maultiergespann zum Kalkbrenner an den Bach geschickt wurden, lieferten aber in ihren mit Lehm ausgestrichenen Weidenkörben nur minderwertige Ware an. „Der alte Kalkbrenner ist letzten Winter einem Wolfsrudel zum Opfer gefallen. Was die alles fressen, wenn sie Hunger haben! Aber schade um ihn. Er war ein As im Kalkbrennen. Es gab keinen Besseren." „Und jetzt hat der Junge die Arbeit übernommen", sagte der andere mit verächtlichem Unterton. „Der bringt nichts auf die Reihe."

Die mit der Aufrichtung der Mauern befassten Männer hockten in der Grube und waren gerade dabei, den aus dem Felsen geschlagenen Estrich zu glätten. Mit dem frischen Kalk machten sie sich nun daran, die beiden Seiten der Wohngrube, die nicht aus dem Felsen gebrochen waren, durch Aufschichten von Steinen zu erhöhen. Die losen Steine wurden einigermaßen zurecht geschlagen und dann mit Kalkmörtel verbunden. Solcherart entstand ein Mauerkranz, auf den sich die Holzkonstruktion des Dachstuhls aufsetzen ließ.

Der Steinbau

Inzwischen war die andere Mannschaft dabei, auf dem Scheitel des Hügels die hölzerne Hütte der Ahnen durch einen gemauerten Bau zu ersetzen. Auf den heftigen Protest der Älteren ließ sich der Decurio schließlich erweichen. Er erlaubte eine Versetzung der Hütte der Ahnen um dreißig Schritt in die Senke, wo zwei rätselhafte Steinkisten den vermuteten Begräbnisplatz der Urahnen andeuteten. Oder es waren Zisternen für Regenwasser. Egal. Besonders wichtig schien den Römern, dass das Gebäude einen Turm bekam. Auf die Frage, wozu das?, übersetzte Dacius den Decurio so: „Hoch oben. Da gut Blick sein. Von Isarcus-Fluss unten Feinde kommt."
Die Errichtung der beiden Dachkonstruktionen am Verwaltungsgebäude, dem für das Gebäude und dem andern für den Turm, wurde von den Männern der Peterbühl-Gemeinschaft mit Verwunderung verfolgt: „Das müsst ihr einmal gesehen haben. Die bauen, als ob es in der ganzen Gegend kein Holz geben würde." „Schaut schon komisch aus, dass die bis zum Giebel hinaufmauern." „Also, gefallen tut mir das nicht. Schaut unsympathisch aus mit dem ganzen übertriebenen Mauerwerk!" „Das sag ich euch! Die verschandeln den Gesamteindruck der Siedlung mit dieser Steinschachtel, dieser römischen!"
Als ob das nicht schon genug wäre, verwendeten die Römer als Dachabdeckung auch noch Platten aus Ton, die sie Ziegel nannten. Die Tongruben der Peterbühl-Gemeinschaft wurden dafür fast zur Gänze ausgeschöpft, sodass kaum mehr Material zur Herstellung des Haus-

geschirrs übrig blieb. In der Nähe der Schmelzöfen beim Bach wurde eigens ein Ofen für das Brennen dieser Dachziegel errichtet. TEGULAE und IMBRICES, so nannten die Legionäre die beiden Arten von Ziegeln, die sie verwendeten. Eigentlich raffiniert, mussten auch die Kritischen unter den Rätern zugeben. „Tegulae", erklärte einer der Legionäre, „das sind flache Tonplatten in der Breite eines Unterarms. Der linke und rechte Rand endet mit einer Randleiste. Diese Ziegel werden auf dem Dach aneinandergelegt, einer neben dem anderen. So kommt Randleiste an Randleiste zu liegen. Um die Fuge dazwischen, durch die Regenwasser eindringen würde, abzudecken, wird eine Art Haube, ein IMBREX, über die Verbindungsstelle gesetzt. Fertig." Dacius hatte die Erklärung in die rätische Sprache übersetzt. „Das Ganze ist aber schon ziemlich aufwendig!", meinte einer. „Unsere Dächer halten auch." Das konnten sie beim Wohnhaus beweisen, das die Legionäre aus stillem Protest in herkömmlicher rätischer Bauweise haben wollten. Lucius kannte diese Bauart von seinen Feldzügen in rätischem Gebiet und meinte, dass er diese Art des Hausbaus wohnlich finde und dass es auch schneller geht.

Hausbau und Hauseinweihung

Da war die Unterkellerung, auf den Rändern eine niedere Mauer. In die Ecken der vier Seiten wurden senkrechte Pfeiler gestellt, in der Mitte der Schmalseiten zusätzlich ein weiterer Balken, der die anderen überragte. Die beiden längeren Stehpfeiler auf der Vorder- und Rückseite wurden oben mit einem langen Balken verbunden, wodurch eine dreieckige Konstruktion entstand. Auf dieses Gerüst wurde das Dach aufgesetzt. Die vier kürzeren Stehpfeiler wurden zu den Eckpfeilern eines

Holzbodens, wodurch ein Dachboden, also ein zweites Stockwerk, entstand. Die Leerräume zwischen den Stehpfeilern wurden waagrecht mit Balken aufgefüllt, die mit den Stehpfeilern verzapft wurden und dadurch stabile Außenwände bildeten. Die Dachflächen erhielten ein Gitterwerk aus Holzlatten. Auf diese kamen als Abdeckung ein paar Lagen Schilf.

Als das alles fertig war – die Arbeiten oben auf der Kuppe dauerten noch an – wurde der Boden mit Lehm ausgestrichen. Es war ein Glücksfall, dass es die ganze Zeit des Hausbaus, es waren zwei volle Mondzyklen, nicht ein einziges Mal regnete. Keinen Tropfen! Die Freude auf Seiten der Besatzer war groß und sie dankten mit einer eigenen Zeremonie ihren Göttern. Nun konnten vier der Legionäre schließlich ein eigenes Heim beziehen.

Die Peterbühl-Gemeinschaft war weniger begeistert von der Tatsache, dass sich die Römer nun dauerhaft hier niederließen. Um keine Schwierigkeiten zu bekommen, forderte der Rat der Älteren seine Leute auf, bei der Einweihung gute Miene zu bösem Spiel zu machen. Die Frauen schlachteten einen Hammel, Kinder holten Pilze aus dem Wald, einige Schalen Korn aus den kostbaren Vorräten ergaben ein Mahl, das die Römer zusammen mit dem Rat der Älteren und den am Hausbau beteiligten Männern auf offenem Platz zu sich nahmen. Aus Legionärsbeständen wurde den Legionären zudem ein Becher Wein ausgeschenkt. Da die Peterbühler diese Ungleichbehandlung ärgerte, holten sie einen Krug von bestem rätischem Wein aus dem Lager am südlichen Abhang. Bald schon herrschte unter den getrennt feiernden rätischen Arbeitern eine ausgelassene Stimmung mit Zuprosten und lautstarkem Absingen von Trinkliedern. Eine ganz besondere Situation! Wein gab es sonst nur zu äußerst seltenen Gelegenheiten. Und heute ausgerechnet bei der Einweihung römischer Gebäude.

Die Legionäre brachten ihre persönlichen Habseligkeiten in die neue Unterkunft. Besonders stolz war Lucius auf eine Schüssel aus Terra Sigillata, die seine Mutter aus dem brennenden Haus gerettet und ihrem Sohn als Familienerbstück mitgegeben hatte. Der Decurio bestimmte, dass die kostbare Handdrehmühle der Zenturie, die auf den Peterbühl mitgenommen worden war, im neuen Haus ihren festen Platz erhielt.

Das Toben der Götter

Seit Mittag zeigten sich auf dem Bogen der Götter finstere Wolken, die sich gegen Abend immer dichter zusammenklumpten. Diese Drohung der Götter war bestimmt gegen die Besatzer gerichtet, die die Hütte der Ahnen mit der Göttersäule von ihrem alten Platz vertrieben hatten. Ab und zu fuhr der Zorn der Himmlischen in Form zuckender Feuerpfeile auf die Erde, es folgte jedoch keiner der üblichen Hammerschläge, die alles erbeben ließen. Die Götter schienen abzuwarten.

Am Abend, nachdem die Behausung der Legionäre eingeweiht worden war, waren die Himmlischen nicht mehr zu zügeln. Feuerpfeile blitzten, Hammerschläge dröhnten, von Norden quoll eine Front tiefschwarzer Wolken rasend schnell auf den Peterbühl zu. Dann war es mit einem Mal beängstigend still. Die Menschen zogen sich angsterfüllt in ihre Behausungen zurück und zündeten Fettlichter an, um den Zorn der Götter zu besänftigen. Dann stürzten Regenmassen vom Himmel, als hätten die Götter beschlossen, die Peterbühl-Gemeinschaft zu ersäufen.

Urplötzlich war der Spuk vorbei. Die Luft klarte auf, ein

frischer Wind fegte die letzten Regenschleier hinweg. Langsam kamen die Menschen aus ihren Häusern, blickten scheu zum Himmel und atmeten auf.

Die im Norden gelegenen Behausungen hatten am meisten abbekommen. Bei einem der Häuser hinter dem neuen Verwaltungsgebäude war das Dach eingebrochen, in einige andere war Regen eingedrungen, hat die Feuerstelle zerstört und den Hausrat fortgerissen. Eine der Frauen klagte laut, weil eine ihrer Fibeln, ein kostbares Erbstück, mit fortgespült worden war.

Schließlich richteten sich die Blicke der Gemeinschaft auf das Verwaltungsgebäude, dem noch die Dächer fehlten. Auf rätischer Seite kam Schadenfreude auf. Aber, es stand da, buchstäblich wie festgemauert. Kein Anzeichen irgendeines Schadens. Kor, der mit Lucius die Schäden begutachtete, sagte nur: „Bauen, ja, das können wir Römer. Das war schon immer so." Lucius ergänzte: „Aber ich muss sagen, unser Haus hat sich auch gut gehalten! Es ist kaum Wasser durch dieses Schilfdach eingedrungen. Respekt. Hätte ich nicht gedacht."

Auch die Hütte der Ahnen, die ja nur versetzt und nicht neu aufgebaut worden war, hatte den schlimmen Zornausbruch der Himmlischen erstaunlich gut überstanden. Es hatte bei dieser Gelegenheit aber auch ein neues Dach bekommen. Eins aus Schindeln.

Der Rat der Älteren rief die Gemeinschaft zu einem Gebet des Dankes dafür auf, dass sie verschont geblieben war.

≈

Das Gebäude Q

Das Gebäude Q wird von manchen Völsern als „Bomben-loch" bezeichnet. Es besitzt einen trapezoiden Grundriss, ähnelt also einem verschobenen Rechteck.
Der Bau muss recht aufwendig gewesen sein. Das Funda-ment und die hintere hügelseitige Hausmauer wurden di-rekt aus dem Felsen geschlagen. Der Eingang befand sich im Südwesten.
Unter den spärlichen Funden befinden sich Tonscherben rätischer und römischer Art. Die römische Keramik ist vom Typ TERRA SIGILLATA. Auf römischen Einfluss weist auch der Kalkputz hin sowie das Bruchstück eines Tongefäßes, das auf einer Drehscheibe hergestellt worden ist.

Zwei Steinblöcke mit Lochbohrung könnten auf Bruchstü-cke einer römischen Getreidemühle hindeuten.

Rätischer Haustyp:
Auf Steinsockel aufliegende Stehpfeiler zur Raumteilung, waagrechte
Holzbalken zum Wandaufbau, Dach mit Riet- oder Schilfbedeckung

Mögliche Häuseranordnung auf dem Hügelplateau nach gegenwärti-
gem Stand der Ausgrabungen in den 1950er und 1990er Jahren

Auf dem Opferplatz der Rungg-Gemeinschaft

Atrim's Tod

Kor war mit den anderen jungen Männern der Peter-bühl-Gemeinschaft bei der Totenfeier gewesen. Der Altar und die Ablagegrube des Leichenbrandes befanden sich in der Senke am Fuß ihres Hügels. Das Wolfsrudel, das in kalten Winternächten die Gegend durchstreifte und dann, wenn das Auge der Göttin weit geöffnet war, ein schauerliches Heulen zum Bogen der Götter schickte, hatte mit tödlicher Präzision zugeschlagen. Atrim, Kor's jüngerer Bruder, hat sich bis zum Letzten gewehrt. Doch bevor die Männer zu Hilfe kommen konnten, war sein Schreien erstorben. Die mit Fackeln und Knüppeln bewehrten Männer fanden ihn mit zerfetzter Kehle in einer Blutlache liegen, die sich auf dem hart gefrorenen Schnee langsam ausbreitete. Sie konnten nur mehr verhindern, dass die Wölfe ihre Beute zerrissen und fortschleiften.

Schnee bedeckte die Landschaft und glänzte im Licht der Göttin. Es war ein unheimliches, bedrohliches Funkeln. Trotz des klirrenden Frostes hielten drei der Freunde die Totenwache, um ein Wiederkehren der Wölfe zu verhindern. Der Geist Atrim's umkreiste den toten Körper, unschlüssig, wo er eine neue Heimstatt finden konnte. Einen Tag und eine Nacht musste der tote Körper an diesem Ort verweilen, um seinen orientierungslosen Geist nicht zu verwirren. In der Dunkelheit des angrenzenden Waldes war das lauernde Glühen mehrerer Augenpaare auszumachen.

Am folgenden Tag übernahmen Verwandte die Totenwache, galt es doch, die auf unbewachte Augenblicke wartenden Raben abzuschrecken. Am Abend wurde der tote Atrim zum Platz des Übergangs getragen, der zwischen den Hügeln lag. Freunde und Familie hatten ein Totenbett aus Ästen und Knüppeln bereitet, auf den der Leichnam gelegt wurde, während der Priester, die Arme zur Göttin erhoben, das Totenlied sang:

„Dein Weg, wie kurz, o Atrim. Dein Haar, schwarz und dicht, der Bart noch nicht gesprossen. Eine neue Reise hast du angetreten, o Atrim, sie bringe dich ohne Umweg in den Garten der Göttin."

Alle stimmten ein. Es war ein gewaltiger Refrain aus Männer- und Frauenstimmen, der wie ein tosender Orkan durch die kalte Luft der Abenddämmerung fuhr: „O Göttin, du gibst. O Göttin, du nimmst. Ratlos sind wir Irdischen". Der Priester hielt die lodernde Fackel an den Holzstoß. Funken sprühten aus dem kienigen Holz, gelbe und rote Flämmchen kletterten das dichte Geflecht an Ästen und Strauchwerk empor, bis der gesamte Holzstoß hellauf loderte und schlussendlich auch den Leichnam erfasste. Der tote Atrim schien sich erst gegen das Flammenmeer zu stemmen, sein Körper bäumte sich auf, bis er zusammensackte und schließlich hinter einer lodernden Wand aus züngelnden Flammen endgültig zur Ruhe kam.

Kor wohnte der Bestattung seines Bruders bei. Kein Laut drang aus seinem Mund. Er war wie erstarrt und ließ die Zeremonie teilnahmslos über sich ergehen. Der Tod war ihm vertraut, wenn Krieger in der Schlucht des Isark mit Eindringlingen kämpften, wenn ein Jäger auf einer Bahre aus Ästen zurück auf den Peterbühl gebracht wurde oder wenn die Göttin die Gemeinschaft mit einem tödlichen Atem strafte. Er blickte zum Himmel, der sich violett verfärbt hatte. Der Platz des Sternenbildes der Sieben Schwestern war leer. Doch dann, als die Gesänge ihren Höhepunkt erreichten und die an der Totenfeier Beteiligten mit dem Zerschlagen des als Weihegabe mitgebrachten Tongeschirrs begannen, stieg hinter dem Tschafon riesig und strahlend das Auge der Göttin auf.

Es war ein wundersames Ereignis, das ihm, Kor, allein galt. Die Gemeinschaft hatte das Erscheinen der Gottheit noch nicht bemerkt.

Die Göttin lächelte ihm, Kor, ihm ganz allein zu. Ihr Auge war mild und mitfühlend. Die Göttin hatte sich mit ihm in seinem Schmerz verbunden und streichelte mit ihren Lichtfingern über sein Gesicht. „Warum", entfuhr es Kor, „warum mein Bruder?" Das Lächeln der Göttin fror ein. Ein leichter Schleier legte sich über das göttliche Auge. Kor vernahm eine Stimme, die gleichermaßen weich und ernst klang. Sie erinnerte ihn daran, dass das Schicksal der Menschen in der Hand der Göttin lag und dass kein Sterblicher an ihrem Ratschluss zweifeln durfte.

Er wurde aus seinem Zwiegespräch mit der Göttin gerissen, als andere Mitglieder der Gemeinschaft das Auge erblickten und den aus alter Zeit überlieferten Segenswunsch anstimmten: „Rokam, Rait! Schutz, oh Göttin!" Rait leuchtete hell auf, bevor sie sich hinter eine Wolke zurückzog. Das Auge der Göttin blieb verdeckt und wurde an diesem Abend nicht mehr gesehen.

Am nächsten Morgen wurden Atrim's Asche in einen Tontopf gefüllt. Kor's Familie hatte es vom Töpfer am nördlichen Abhang erstanden und mit dem Zeichen der Sippe versehen. Das Gefäß wurde darauf mit einem Tondeckel verschlossen und mit Wachs von wilden Bienen versiegelt. Dann wurde es in eine flache Grube im Bereich der Familiengräber versenkt. Bevor die Grube mit Erdreich bedeckt wurde, legten Familienmitglieder und Freunde Begleitgeschenke ins Grab, Tonfiguren, Metallgegenstände und Bronzeschmuck. Kor gab dem Bruder seinen kostbarsten Besitz mit auf die Totenreise: Sein Eisenmesser, das er bei seiner Aufnahme in die Gemeinschaft der Männer von den Eltern zum Geschenk erhalten hatte. Hätte er es ihm nur schon früher geschenkt, dachte er bitter. Dann hätte sich Atrim, der jüngere Bruder, der noch keine Waffe führte, womöglich retten können. Warum musste er auch unbedingt in der Dunkelheit zum Teich hinunter, um Wasser zu schöpfen! Seine kleine Schwester fieberte, Atrim wollte ihre glühende Stirn mit dem Wasser aus dem Tümpel kühlen. Vater wollte selbst gehen, aber Atrim betrachtete es als Mutprobe, die bei seiner Aufnahme in den Kreis der Männer anerkennend erwähnt werden würde. Bei völliger Dunkelheit Wasser holen, das war ein wagemutiges Unternehmen, dem auch die Eltern schlussendlich nichts entgegenstellen mochten. Wie stolz Vater auf seinen Sohn war!

Kor dachte an die Göttin, die ihn zurechtgewiesen hatte, als er ihren Ratschluss angezweifelt hatte, und stellte sein Grübeln ein.

Atrim's Aufgaben übernahm nun Kor, um sich abzulenken. In der Zeit der Kälte, die hereingebrochen war, bestand sie vor allem darin, Feuerholz zu sammeln und die Schäfte der Eisenwerkzeuge für die Bestellung der Felder und der Pflege der Rebenhänge am südlichen Plateau auszubessern. Der Vater fühlte sich für den Tod seines Sohnes verantwortlich, weil er ihn nicht daran gehindert hatte, zum Teich hinunter zu gehen. Verschiedentlich, wenn auch weiter in Richtung des Baches, der vom Schal-Ern, dem Opferberg, herunterfließt, war das an- und abschwellende Heulen eines Wolfsrudels zu hören gewesen, das auf der Suche nach Beute den östlichen Wald durchstreifte. Vater hatte es damals als nicht bedrohlich eingestuft. Was für verhängnisvoller Fehler!

Da Kor sein Messer dem Bruder auf die Totenreise mitgegeben hatte, dachte der Vater daran, seinen Schwager, der Schmied in der Rungg-Gemeinschaft war, aufzusuchen, um für einen Krug Wein und drei Nabelschalen ein neues Messer für seinen Sohn zu erhandeln. Sobald Eis und Schnee zu Wasser geworden waren und die Kälte gebrochen war, würde er sich mit Kor auf den Weg machen und die Reise mit einem Verwandtenbesuch bei seinem Schwager verbinden.

Die Rungg-Gemeinschaft

Die wenigen von finsterem Wald umstandenen Lichtungen hatten ein zartes Grün angesetzt. Etan, der Gott des strahlenden Lichts, war mit wachsender Stärker dabei, seine Schwester, die Göttin mit dem leuchtenden Auge, Rait, zurückzudrängen. Die Luft war lau, weiße Wölkchen zierten verspielt den Bogen der Götter.
Nun war die Zeit gekommen, sich auf den Weg hinüber zur Rungg-Gemeinschaft zu machen. Kor's Mutter gab für die Familie ihres Bruders eine Wolldecke mit, während der Vater den Tonkrug mit dem kostbaren Wein und mit drei Schalen, die er mit einer Wollschnur zusammenband, schulterte. So nahmen sie Abschied von der Gemeinschaft und stiegen den uralten Weg in die Niederung hinab. Der Boden zwischen den Hügeln, dem größeren, auf dem die Behausungen der Gemeinschaft standen und dem kleineren, der die Ruhestätte der Toten beherbergte, war sumpfig und ausgesprochen unwegsam. Endlich fanden Vater und Sohn eine Stelle, wo sie trockenen Fußes hinüber zur Totenstätte kamen. Vater und Sohn verharrten eine Zeit lang an Atrim's Urnenplatz. Jeder bat die scheidende Göttin darum, dass sie Atrim im Schattenreich nicht allein ließ.
Der weitere Weg ließ sich ohne Schwierigkeit bewältigen. Vater und Sohn trugen Fellschuhe, ein wollenes knielanges Gewand und einen Umhang aus brauner Schafwolle sowie nach Sitte der Väter einen flachen Hut aus verfilzter

Wolle. Vaters Umhang wurde von einer prächtigen Bronzefibel zusammengehalten, die ihm bei seiner Vermählung von den Verwandten zum Geschenk gemacht worden war. Seine Frau, Ait, war eine Angehörige der stolzen Rungg-Gemeinschaft, und die Peterbühl-Gemeinschaft wollte bei der Hochzeit in Rungg nicht schlecht dastehen.

Während sie sich nach längerem Anmarsch der Anhöhe näherten, auf der die unzähligen Behausungen der Rungg-Gemeinschaft standen, bemerkten sie, dass die Luft von dichten Rauchschwaden erfüllt war. Der Rauch verströmte einen süßlichen Geruch, der Kor unbekannt war. Als er Vater danach fragte, zeigte der nach oben, und nun sah Kor sie auch, die lodernden Feuerstöße am Rand des Abhangs, der die Gemeinschaft nach Osten begrenzte. „Nein, Kor", sagte Vater da, „das ist sie nicht, die Rungg-Gemeinschaft. Was du da siehst, sind die Opferfeuer. Die Gemeinschaft hat ihren Sitz weiter gegen Etan's Ruheplatz auf der nächsten Anhöhe."

Dann waren sie angekommen. Die Rungg-Gemeinschaft verfügte über einen mächtigen Schutzwall, der die gesamte Siedlung umschloss, sodass keiner unbesehen das Gelände betreten konnte. „Ah du bist es, Lor, Ait's Mann!", grüßte ihn einer der Männer, die den Zugang bewachten. Kor's Vater begrüßte den Mann herzlich, und gemeinsam gingen sie auf die Behausung zu, in der der Schwager mit seiner Familie, der Frau und den beiden Knaben, lebte. Sie nahmen den abgewinkelten Gang, der den Zugang von bösen Geistern freihielt, und schoben die Holztür auf, die sich quietschend in eisernen Angeln drehte. Was für Reichtum! durchfuhr es Kor. Eiserne Angeln waren in der Peterbühl-Gemeinschaft noch nicht zur Anwendung gekommen.

Die Familie saß um die Feuerstelle in der Mitte des Raumes. Die Begrüßung war herzlich. Ait, Kor's Tante, hieß die Beiden am Feuer Platz nehmen und die nassen Fußlappen abwickeln. Die beiden halbwüchsigen Buben kicherten, als sie die langen Zehennägel der Besucher sahen. „Urt ist ja immer am Ausprobieren. Neulich hat er ein kleines Messer geschmiedet, eigens für das Kürzen der Nägel. Könnt ihr gern ausprobieren", sagte die Frau entschuldigend und schimpfte ein bisschen mit den frechen Buben. Onkel Urt lachte nur. „Hauptsache, ihr werdet trocken", meinte er, „das ist jetzt einmal das Wichtigste."

Während sich die Erwachsenen austauschten und dabei nicht auf den mitgebrachten Wein vergaßen, machte sich Kor bald los und ließ sich von den beiden Jungs den eingefangenen Fuchs zeigen, der in einer hölzernen Kiste hin und her lief und aufgeregt ein helles Bellen hören ließ. „Der ist zahm", sagte der eine, „den kann ich streicheln." Ja", sagte der andere, „er hat schon lange keinen mehr gebissen". Die Familie verfügte über einen stattlichen Besitz von elf Schafen. „Eins hat gerade gelämmert", sagte der Größere fachkundig. „Dann haben wir ein Schaf mehr". „Oder zwei", sagte der Jüngere und wollte vor dem Besucher aus der Peterbühl-Gemeinschaft beweisen, dass er über einschlägiges Fachwissen verfügte.

Drei Monate in der Rungg-Gemeinschaft

Beim Essen kam die Rede auf den Brandopferplatz, für den sich Kor sozusagen brennend interessierte. „Ich habe mit meinem Schwager ausgemacht", sagte Vater, „dass du bis zum Zeitpunkt, wo Etan am hellsten strahlt, hier in der Familie bleibst." „Aber ist dir das nicht zu früh nach diesem Unglück mit deinem Bruder? Das ist doch erst drei Rait-Perioden her", fragte Ait. „Nein nein", versicherte

Kor, „im Gegenteil! Ich will jetzt mehr über den Tod und die Totenreise erfahren. Dann bin ich für das nächste Mal besser vorbereitet." „Und was sagt du zu diesem Vorschlag, dass du drei Rait-Perioden hier in der Rungg-Gemeinschaft bleibst?" „Nichts lieber als das", entgegnete Kor. „Wer von uns Peterbühlern hat schon diese Gelegenheit! Ich freue mich darauf!" Urt, der Schwager, der ein lustiger Geselle zu sein schien, schmunzelte: „Damit du nicht glaubst, du kannst hier auf Rungg auf der faulen Haut liegen, habe ich mir gedacht, dass du mir beim Schmieden zur Hand gehst." Der Vater und sein Schwager blinzelten sich zu. „Wirklich? Ich glaub's nicht! Beim Schmieden?? Das nimmt mir auf dem Peterbühl keiner ab!" „Ja", sagte der Vater, als ob ihn das Ganze nicht wirklich interessierte. „Dann könntest du -, ach, Urt, mach du weiter." Urt grinste und stocherte mit seinem Zeigefinger in einem Backenzahn herum. „Ich muss nur noch Holz nachlegen. Dann schauen wir weiter."

Kor spürte, dass sich etwas Wichtiges anbahnte, wartete aber geduldig, wie es einem Jüngeren geziemte. Als es in der Feuerstelle munter loderte und eine dünne Rauchsäule durch die Öffnung im Gebälk zog, kam er zurück und setzte sich umständlich zu den andern, die ihm gebannt entgegenblickten. Die beiden Knaben murrten ungeduldig, sodass Urt endlich begann: „Kor, dein Vater und ich sind übereingekommen, dass du hier bei mir das Schmiedehandwerk erlernst. Na, was sagst du dazu?" Kor war im Siebten Himmel. „Ich freue mich so sehr", rief er. „Nie im Leben hätte ich mir zu träumen gewagt, einmal mit Eisen arbeiten zu dürfen!" So wurde aus einem Vorschlag Wirklichkeit. Urt schlug vor, dass sich Kor sein Eisenmesser, dessentwegen er und sein Vater ja hierher zur Rungg-Gemeinschaft gekommen waren, selber schmieden durfte. Nach einer gewissen Zeit des Lernens, natürlich.

157

Die Schmiede

Tags darauf nahm Vater Abschied und ließ sich das Versprechen eines Gegenbesuchs geben. Nun war Kor für längere Zeit ein Mitglied der Rungg-Gemeinschaft geworden. Onkel Urt führte ihn in den folgenden Tagen in die Gemeinschaft ein.

Dann kam die Zeit, dass sie sich auf den Weg zur Schmiede in den Wald machten. Onkel Urt war ein stämmiger Mann mit mächtigem Oberkörper und muskulösen Armen. Aus einem schwarzbärtigen Gesicht lugten zwei erstaunlich kleine, stahlblaue Äuglein, umgeben von unzähligen Lachfalten, die verrieten, dass Urt eins nicht mochte: Trübsinn und schlechte Laune. Ein braunes Wollhemd reichte bis zu den Knien und wurde von einem breiten Lederband in der Mitte am Körper gehalten. Die Füße unter stark behaarten Beinen staken in einer Art Sandalen aus grobem Leder, auf dem noch die Borsten seines ursprünglichen Besitzers zu erkennen waren. Es war kein leichtes Unterfangen, dem Onkel auf dem Fuß zu folgen. Trittsicher wie ein Auerochse brach er durch das Unterholz und hielt nur ab und zu an, damit sein Neffe nachkommen konnte. „Nicht mehr weit", sagte er dann jedes Mal. „Nur noch ein, zwei Hügel." Irgendwann während einer längeren Verschnaufpause fragte Kor seinen Onkel, warum in aller Welt er seine Brennöfen so weit weg von der Gemeinschaft errichtet hatte. „Ach weißt du, Junge" – Onkel Urt sprach seinen Neffen zumeist mit „Junge" an – „das Verarbeiten von Eisen, das hört sich leichter an, als es ist." Kor wartete gespannt auf die Fortsetzung. „Ich weiß schon, jeder bewundert uns Schmiede." Er lachte verschmitzt. „Wie wäre ich sonst an deine Tante gekommen? Na?" Da Kor ein Gesicht zog,

als sei er von der Frage überfordert, ließ Urt das Thema sein und fuhr fort: „Erstens benötigt ein Brennofen,
und ich habe deren fünf!, eine Unmenge Holz. Soll ich
der Rungg-Gemeinschaft die Bäume weg hacken, dass
sie schlussendlich nackt und wehrlos dasteht? Das ist
das eine. Das andere ist, dass meine Öfen einen ordentlichen Luftzug brauchen. Je mehr, desto besser. Darum
habe ich die Öfen mit dem Brennloch an die Waldkan-
te gebaut und einen Streifen abholzen lassen. Das Dritte
ist der Lehm. Du wirst schon sehen, die Öfen bestehen
aus Lehm. Und der muss irgendwo in der Nähe zu haben
sein, sonst schleppe ich ihn von wer weiß woher mühsam
durch den Wald! Und dann ist da die Kohle. Du weißt
das ja: Ohne Kohle gibt es keine ordentliche Hitze. Und
für das Eisen brauche ich eine Wahnsinns Hitze. Beim
Kupfer ist das einfacher. Aber Bronze macht ein Kollege.
Wir haben uns das aufgeteilt. Ich bin der Mann fürs Gro-
be", lachte er, „die feinen Fibeln und Klapperbleche sind
nichts für meine Hände." Er hielt sie sich vor das Gesicht
und musterte sie aufmerksam, als sähe er diese großen,
schwieligen Schaufeln zum ersten Mal. Urt machte eine
Pause. Er schien alle Probleme, die mit der Eisenwirt-
schaft zusammenhingen, durch den Kopf mit den wirren
krausen Haaren ziehen zu lassen. „Ja ja", sagte er schließlich und knickte ein dürre Stück Holz in viele Teile.
„Wo kommt denn das Eisen überhaupt her?", fragte Kor,
und als Urt auflachte, dachte er, er hätte eine dumme
Frage gestellt. „Bist ein schlaues Bürschchen", sagte er
verschmitzt und wuschelte seinem Neffen durchs Haar.
„Das Eisen, das kommt nicht so einfach als Eisen daher,
sondern als Erz! Erz, das sind Steine, in denen das Eisen drin ist. Brauchst nur zu schauen. Die sind viel, viel
schwerer als andere Steine. Das Eisen muss ich heraus-
schmelzen. Darum die viele Hitze und das ganze Drum-

herum." „Ich habe jetzt immer nur an das Hämmern und Formen gedacht", sagte Kor kleinlaut. „Ich habe gar nicht daran gedacht, dass man das Eisen erst herstellen muss! Ich habe geglaubt, das kannst du irgendwo einhandeln." „Das ist schon auch möglich", sagte Urt. „Das tut ihr Peterbühler drüben, habe ich gehört. Aber richtig auszahlen tut sich das erst, wenn du das Schmelzen selber besorgst."

Alle die Punkte, die Urt als Voraussetzung fürs Schmiedehandwerk aufgezählt hatte, waren an dem Platz vereint, an den sie inzwischen gekommen waren.

Da tat sich am Rand eines Abhangs eine Lichtung auf, auf der kegelförmige, etwa mannshohe Gebilde standen: Urt's Brennöfen. Ein hagerer älterer Mann war gerade dabei, einen Baum zu entasten. „Das ist Por, mein Gehilfe. He Por!" Der Angesprochene hielt ein und streifte den fremden Besucher mit gleichgültigem Blick. „He Urt!", sagte er. „Und das da?" „Mein Neffe", meinte Urt kurz. „Er wird uns eine Zeit lang helfen." „Da. Er kann gleich damit anfangen", knurrte Por, der von Urt's guter Laune wenig abbekommen zu haben schien. „Da, pack an", und er warf ihm sein Werkzeug vor die Füße. „Laaangsam, langsam", mahnte Urt. „Erst wird einmal ein Rundgang gemacht." Urt zeigte seinem Neffen den Saumpfad hinunter zum Isark, von wo das Eisenerz angeliefert wurde. „Ab und zu kommen zwei Maultiere an und bringen mir Brocken von Brauneisenstein im Tausch gegen fertige Eisenstangen. Zwei Körbe Brauneisenstein gegen einen Viertelkorb Stangeneisen. „Verstehst du?", fragte Urt, als er merkte, wie Kor angestrengt nachzudenken schien. „Für die ganze Arbeit will ich auch einen Gewinn haben. Das steht mir doch zu! Dem Por muss ich für die Schufterei ja auch etwas abgeben, und den anderen Männern, die mir beim Abholzen und beim Kohlemachen helfen.

Die müssen ja auch von was leben. Und Getreide gibt es nicht geschenkt!" Dann erklärte Urt, wie es dann weitergeht mit dem Brauneisenstein, der erst zerkleinert und dann mit Holzkohle vermischt in einen Ofen kommt. Wenn alles stimmt und der Ofen heiß genug wird, bildet sich darin Schlacke und Eisenkuchen. „Den kann ich dann weiterverarbeiten. Ich komme aber nur ans Eingemachte, wenn ich den Ofen aufbreche. Alles klar?", fragte der Onkel. „Deshalb brauche ich diesen ganzen Haufen Lehm. Da drüben, komm mit", sagte er zu seinem Neffen, dem der Kopf schwirrte und die Beine schwer waren. Er hatte sich bislang doch nur mit Schafen und Landwirtschaft beschäftigt. An einer besonderen Stelle sah Kor eine Grube, in der feucht glänzender Lehm nur darauf zu warten schien, die Form eines Brennofens anzunehmen. Das kannte er. Eine Lehmgrube gab es auch nicht weit von der Peterbühl-Gemeinschaft entfernt nahe beim Bach, der vom Opferberg kam. Nein, meinte Urt auf Kor's Frage, Töpferware könne mit diesem Lehm hier nicht hergestellt werden. Da sei zu viel Kalk vom Götterberg, dem Schal-Ern, drin. Aber an einer anderen Stelle in der Nähe der Wallburg gäbe es eine Tongrube, die unter strenger Aufsicht steht.

Für heute war erst einmal genug. Urt hatte sich in eine Begeisterung hineingeredet, die Kor ansteckte. Trotzdem war er nun müde. Nein, total erledigt war er. Die Beiden machten sich auf den Heimweg und grüßten zu Por hinüber, der ein Knurren hören ließ, das man mit viel Fantasie als Gruß deuten konnte. Etan, der Glänzende Gott, hatte sich dem Horizont genähert und war dabei, sich zur Ruhe zu legen. Urt kannte den Wald in- und auswendig. Kor hätte sich gnadenlos verlaufen. Die heraufziehende Dämmerung ließ einen eisigen Luftzug durch den Wald ziehen. Ab und zu war ein Knacken zu hören.

„Nein, keine Angst", lachte Urt, „die Wölfe haben sich zurückgezogen. Und Bären, die gibt es weiter unten im Tal. Das was du hörst sind Luchse und Füchse, Hirsche oder Rehe und solche Viecher." Dann kamen sie an den Wall, der die Rungg-Gemeinschaft beschützte und gingen an zahlreichen Häusern vorbei zur Behausung des Onkels, aus der ihnen die beiden Knaben entgegenliefen.

Kor vor dem Rat der Älteren

Kor war ein eher in sich gekehrter Junge und wurde genau seines ruhigen Wesens wegen von allen gern gesehen. So war es auch hier. Kor lebte sich rasch in die Gemeinschaft ein. Kor's Anwesenheit in der Rungg-Gemeinschaft musste vom Rat der Älteren erlaubt werden. Die Vorstellung beim Rat der Älteren in der Hütte der Ahnen war freundlich und wohlwollend, wenn einer der Männer es auch nicht lassen konnte, die Peterbühl-Gemeinschaft etwas mitleidig auf die Schippe zu nehmen: „Ich kann mir vorstellen, Kor, mein Junge", sagte er verschmitzt und fuhr mit seiner Rechten durch den langen silbernen Bart. „Ich kann mir gut vorstellen, dass es dir drüben auf dem Hügel ein wenig zu langweilig geworden ist. In deinem Alter, da will man doch die Sau herauslassen, oder?"
Urt nahm es seinem Neffen ab, auf diese Stichelei zu reagieren. Er wusste, wie schwierig das für Kor sein würde, fremd wie er sich hier fühlte an diesen ersten Tagen. Deshalb sprach der Onkel für seinen Neffen: „Lieber Kar, wie recht du damit hast. Hast du nicht einmal erzählt, dass du in jungen Jahren unbedingt hinunter zur Stufels-Gemeinschaft wolltest, weil dir dieser Kupferhändler eingeredet hat, dass dort viel mehr los ist als hier auf Rungg?" Ein unschuldiges Lächeln huschte über sein bärtiges Ge-

sicht und die Äuglein funkelten listig. Der Angesprochene kaute nachdenklich auf seinem Schnurrbart. „Ja ja, da
wollen wir unseren Freund nicht enttäuschen und ihm
etwas bieten. Seid ihr damit einverstanden, gute Männer?" Alle hatten verstanden, dass der Schmied Kar gut-
mütig auf dem Arm genommen hatte. „Natürlich", sagten
sie. „Frag den Jungen, was wir ihm zeigen können, was es
auf dem Peterbühl nicht gibt." „Na, Kor?", fragte der Onkel. „Was würdest du gern sehen hier auf Rungg?" Wie
Kor sah, dass ihn, den jungen Fremden, alle so freundlich behandelten, fasste er sich ein Herz sagte vorsichtig:
„Das mit den Opferfeuern, das würde mich schon interessieren. Davon wird überall erzählt." Und schüchtern
setzte er hinzu: „Wenn es geht."
Die Männer, die Urt und Kor gegenüber auf einer Bank
am Feuer saßen, wurden still. Dann steckten sie die bärtigen Köpfe zusammen und beratschlagten halblaut. Kor
fragte seinen Onkel flüsternd, ob das etwa zu weit ginge, das mit seinem Anliegen. Nein nein, meinte Urt mit
unterdrückter Stimme, das sei schon in Ordnung. Es sei
halt etwas kompliziert.
Nun hatten die Männer ihre Beratung beendet. Sie wandten sich an die Beiden, und der Älteste sagte ernst: „Urt,
du kannst am besten einschätzen, ob dein Neffe dem gewachsen ist. Es hängt allein von dir ab." „Denke daran",
ergänzte ein anderer der fünf Männer des Rates, „dass
das alles für einen Jungen seines Alters möglicherweise
eine zu große Belastung ist. Aber direkt abschlagen, das
möchten wir als Rat seine Bitte nicht." „Weil ja auch eure
Gemeinschaft ab und zu an diesen Opferfeiern teilgenommen hat", sagte einer, der bislang noch nicht gesprochen hatte. Urt dankte dem Rat für die Aufnahme seines
Neffen und meinte, er würde die Angelegenheit mit ihm
besprechen. Damit verabschiedeten sie sich und ließen

die Männer, die heftig zu diskutieren angefangen hatten, in der Hütte der Ahnen zurück.

Die Zeit verging. Es wurde wärmer und wärmer, und manches Mal blieb die Feuerstelle im Haus kalt. Der Kuckuck rief, Vögel zwitscherten und die kleinen gerodeten Flächen zwischen den Häusern waren voll von Blumen und duftenden Kräutern, um die zahllose Wildbienen summten. Der Junge aus der Peterbühl-Gemeinschaft hatte sich in der neuen Umgebung bestens eingelebt. Auch sprachlich war er nun soweit angepasst, dass ihn wohl niemand mehr als Angehörigen einer anderen Gemeinschaft wahrgenommen hätte. Er half seinem Onkel bei der Arbeit und stellte sich dabei geschickt an. Mit den beiden Knaben unterhielt er ein beinahe geschwisterliches Verhältnis. Besonders den kleineren, Stor, hatte er unter seine Fittiche genommen. Stor litt an einem Augenleiden, das nur selten vorkam, für die Familie aber eine große Last darstellte. Er konnte weiter entfernte Dinge nur unscharf sehen. Kor brachte dem Jungen bei, wie er seine Sehstärke mit Hilfe eines Sehschlitzes verbessern konnte, woraufhin der Junge von Haus zu Haus rannte und alle seine Kameraden aufforderte, ihm Gegenstände in einiger Entfernung hinzuhalten, die er dann zumeist richtig benennen konnte. Eine unglaubliche Erleichterung im Hause Urt.

1:0 für die Peterbühl-Gemeinschaft

Kor hatte nicht vergessen, wie er bei seiner Einführung in die Rungg-Gemeinschaft von einem Mitglied des Rates sozusagen als Hinterwäldler bezeichnet worden war. Deswegen, weil er von der Peterbühl-Gemeinschaft kam. Umso mehr freute es ihn, und gleichermaßen auch seinen Onkel, als er dem Kupferschmied und Bronzegießer, um den handelte es sich nämlich, von einem Verfahren erzählte, das in der Peterbühl-Gemeinschaft schon längst zur Anwendung kam, hier aber anscheinend noch unbekannt war. Auch Urt staunte nicht schlecht, als Kor erklärte, wie man die Temperatur in den Schmelzöfen weiter erhöhen konnte. Von der Temperatur hing nämlich alles ab. Mit wenigen Strichen auf dem Erdboden zeichnete er einen Blasbalg, mit dessen Hilfe die Kraft des Feuers massiv gesteigert werden konnte. Die Rungg-Gemeinschaft nutzte zur Temperatursteigerung lediglich den natürlichen Aufwind, indem die Öfen so am Rand des Abhanges gebaut wurden, dass ein natürlicher Luftzug durch die Ofenöffnung fuhr. „Dein, wie nennt ihr das? Blasbalg, der brennt doch ab, wenn er zu nahe ans Schürloch kommt! Das kann nicht gehen!", sagte der Kupferschmied kopfschüttelnd. Er war zu Kort gekommen, um eine neue Fibel für Aja, Kort's Frau, abzuliefern. Das kleine dürre Männchen überlegte ein Weilchen und sagte dann kichernd: „Außer euer Feuer drüben auf dem Peterbühl ist sowieso nicht so heiß wie unseres. Wundern täte es mich nicht," setzte er hinzu.

Kor genoss die Situation. Zuerst lachte er zum Schein mit und tat so, als würde er sich geschlagen geben, sagte aber dann an Urt gewandt: „Weißt du, Onkel, dieses Problem haben schon meine Vorfahren gelöst. Wir verwenden Düsen aus Ton. Die brennen nicht." So, das saß.

Die nächsten Tage gingen die beiden Schmiede daran, Blasebälge zu fertigen. Und, siehe da! Diese neue Methode funktionierte! Nun konnte Urt ein reineres Eisen erzeugen und eine größere Ausbeute erzielen. Auch der Kupferschmied hatte Größe genug, bei einem der nächsten Zusammentreffen ein „Nicht übel, dieser Blasbalg" zu lispeln, sparte er damit ja eine Menge Holz ein und damit Arbeitskraft. Mit dem neuen Überschuss an Eisen kam Kor endlich zu seinem Messer. Es bestand aus einem reineren Material und hatte damit eine etwas andere Färbung. Kor trug das Messer, das er als einer, der die Mannbarkeitsprüfung bewältigt hatte, auch offen zur Schau stellen durfte, mit stolzgeschwellter Brust an seinem Gürtel. Nun war er wirklich ein vollwertiger, wehrfähiger Mann.

Die Opferfeier

Es kam die Zeit, da Etan, der Gott mit dem strahlenden Gesicht und Rait, die Göttin mit dem leuchtenden Auge sich im Himmelspalast zum gemeinsamen Mahl treffen würden. Die Sieben Schwestern waren seit einiger Zeit wieder über dem Horizont zu sehen und kündigten das Ereignis an. Die Rungg-Gemeinschaft genauso wie die Peterbühl-Gemeinschaft würden ein Fest feiern, ging es doch darum, dass Rait ihrem Bruder Etan auf dem Bogen der Götter nun für einige Zeit die Vorherrschaft überlassen würde. Wenn sich die himmlischen Geschwister friedlich einigten, würde die Lichtzeit länger werden. Das hätte zur Folge, dass die Feldfrüchte gedeihen und die Nutztiere sich vermehren. Gerade das war für die Gemeinschaft wichtig. Überlebenswichtig! Die Rungg-Gemeinschaft war im vergangenen Sonnenlauf nämlich von einem bösen Atem heimgesucht worden, der die jungen Rinder tötete. Eine schreckliche Plage, die dem Wohlstand schwer zusetzte. Die Priester konnten das Wüten der Götter nur damit besänftigen, dass sie gelobten, in der kommenden Etan-Periode ein besonderes Opferfest zu bereiten.
Nun, da die himmlischen Geschwister sich geeinigt hatten und die Lichtzeit sichtbar länger wurde, war die Zeit der Opferung gekommen.

Schon seit Tagen waren die jungen Männer der Gemeinschaft dabei, am nicht weit entfernten Opferplatz Vor-
kehrungen für dieses außerordentliche Fest zu treffen.
Eine Unmenge Holz wurde gehackt und aufgeschichtet,
der Unterbau am großen Steinaltar ausgebessert und der
gesamte Bereich zwischen Altar und Bothros, der Grube
für die Ablage der Brandreste und Opfergaben, gereinigt.
Dafür wurden zwei tiefe Gruben ausgehoben.
Kor war die Unruhe, ja Nervosität aufgefallen, die unter
den jungen Leuten in der Gemeinschaft herrschte. Er
glaubte zuerst, es handele sich um eine Art Vorfreude
auf das Fest. Auch Urt, der Onkel, verhielt sich anders
als sonst. Kein scherzendes Wort war mehr zu hören.
Schweigsam ging er seiner Arbeit nach, übersah das und
jenes und war oft abwesend, wenn Kor ihn nach etwas
fragte.
Irgendwann wollte Kor die Antwort bekommen, ob er
denn nun beim Fest mit dabei sein durfte. Sein Onkel
meinte nur kurz, das sei von den Älteren abgelehnt worden. Er dürfe an der Feier der Bitten teilnehmen, nicht
aber an der Opferfeier selbst. Kor war zwar abgrundtief
enttäuscht und wollte das nicht akzeptieren. Schließlich
fügte er sich aber in den Willen seines Onkels. Es würde
ja irgendwann noch eine Opferfeier geben.

Da die Rungg-Gemeinschaft aus mehreren Dutzend Mitgliedern bestand, waren Kor längst nicht alle vertraut. Er
kannte nur die der benachbarten Häuser und hatte auch
zu denen nicht mehr als einen flüchtigen Kontakt, dann,
wenn er mit seinem Onkel zu den Öfen ging oder in die
Hütte der Ahnen. Dort hielten sich seit einigen Tagen
fünf Priester auf, die ununterbrochen Gebete verrichteten. Wer Zeit hatte, setzte sich vor der Hütte der Ahnen
auf den Boden und betete mit. Kor hatte eine so große

Anzahl weiß gekleideter, kahl geschorener Priester bislang noch nicht gesehen. Auf seine Frage erfuhr er, dass auch Priester aus der benachbarten Porz-Gemeinschaft dazugekommen waren, nachdem es sich heuer um ein Fest der Ausnahme handelte. Aus den Gesprächen der Menschen bekam er aber mit, dass es, wie es hieß, eine Auswahl gegeben hatte. Was das für Auswahl war, wollte keiner von sich aus sagen. Es schien sich aber um etwas überaus Wichtiges, ja Belastendes zu handeln.

Auch im Haus Urt und Aja, von Onkel und Tante, wurde mehr als sonst gebetet. Dabei herrschte eine gedrückte Stimmung. Zwei Tage vor dem Fest der Bitten verabschiedete sich der Onkel von Ait, als ginge es zu einem Kampf. Aja strich ihrem Mann über die Stirn und sagte leise: „Ich habe geträumt. Es wird alles gut." Die beiden Knaben standen unschlüssig herum und verstanden den Ernst der Lage genauso wenig wie er, Kor. Dann machte sich der Onkel auf den Weg zur Hütte der Ahnen. Er ging langsam, als trüge er einen überaus schweren Korb mit Eisenstangen.

Als Urt aus der Hütte der Ahnen kam, vollführte sein gedrungener Körper ein paar überaus lustig wirkende Freudensprünge, denen ein ausgelassener Tanz folgte. Ganz aus dem Häuschen schien der alte Urt. Er plumpste auf den Boden und verschnaufte. Seine listigen Äuglein funkelten in die Runde. Dann brach es sprudelnd aus ihm heraus: Das Los hatte die beiden Jungen verschont! Die gesamte Familie jubelte, Kor verstand aber immer noch nicht, worum es sich dabei handelte, bis Aja ihn aufklärte. Es ging darum, wer aus der Gemeinschaft den Göttern geopfert werden würde, um nichts mehr und nichts weniger! Die Gemeinschaft habe schon lange keinen Kampf gegen

Eindringlinge mehr führen müssen. Die Blutopfer wären nämlich sonst aus den Gefangenen genommen worden. Kor schauderte. Er erinnerte sich dunkel daran, dass vor mehreren Jahren Gefangene eines kurzen Kampfes auf der Ebene des Isark zur Rungg-Gemeinschaft überstellt worden sind. Jetzt dämmerte ihm, zu welchem Zweck.

An diesem Tag wurden in der Ecke hinter der Feuerstelle in Kort's und Aja's Hütte einige Tongefäße abgestellt, die mit Honig, Milch und Rindertalg gefüllt waren. Diese Weihegaben würden am dritten Tag der Göttin als Dank für ihren Rückzug geopfert werden. Aja legte für die Göttin Rait eine Fibel und zwei Bronzeringe, die sie besonders liebte, auf einen Tonteller, Urt einen eisernen Schaber und eine kleine unbearbeitete Eisenstange, Opfergaben für den Gott des strahlenden Lichts mit der Bitte um Wohlergehen, Kraft und Gesundheit.

Dann kam der Abend des ersten Festtages, des Tages der Bitten. Die Menschen der Gemeinschaft hatten sich gewaschen und waren mit gesäuberten Wollgewändern gekleidet. Die Frauen, auch Aja, trugen mit stolzer Anmut ihre Armreifen, Ringe, geflochtene Gürtel und verzierte Fibeln, Aja die neue, die eigens für das Fest angefertigt worden war. Die Männer trugen ihre abenteuerlichen tellerförmigen Kopfbedeckungen und ihre Bronzedolche, die sie nur bei besonderen religiösen Feiern verwendeten. Sie steckten in einem mit Bronzescheibchen beschlagenen Gürtel, der das Wams aus grauer Wolle zusammenhielt. Die vornehmeren Mitglieder der Gemeinschaft versammelten sich in der Hütte der Ahnen. Im Hintergrund stand, beleuchtet von einer Vielzahl von Fettlichtern, die übermannshohe Säule der Götter. Die eine Hälfte zeigte das Abbild der Göttin mit dem leuchtenden Auge, die andere Hälfte das Bild des Gottes mit dem strahlenden Gesicht. Auch Urt's Familie gehörte zum Kreis der Inneren, waren also Mitglieder der Vornehmen. Schmiede genossen nämlich in der Gemeinschaft ein besonderes Ansehen.

Die Menschen saßen auf dem Boden, Kor im Inneren der Hütte der Ahnen im Kreis seiner Gastfamilie. Flüsternd beantwortete er Stor, der neben ihm saß, seine Fragen, wenn er irgendetwas nicht deutlich sehen konnte. Die Menschen, die in der Hütte der Ahnen keinen Platz gefunden hatten, saßen außerhalb im Kreis um die Hütte, eine große Anzahl von Männern und Frauen jeden Alters. Dazwischen hockten Kinder mit leuchtenden Augen und erwartungsvollen Gesichtern.

Dann kamen drei Priester hinter der Säule der Götter hervor. Sie setzten sich mit ihren eigentümlich geschnittenen weißen Wollgewändern und den rasierten Köpfen deutlich von den anderen ab. Sie nahmen etwas erhöht auf einem Holzstamm Platz und stimmten einen monotonen Gesang an, der aus vielen Wiederholungen bestand. Einige der Sprechgesänge waren Kor vertraut. Die Menschenmenge begann sich hin- und herzuwiegen und antwortete auf die vorgetragenen Bittgesänge mit einem immer gleichen Refrain. Die Luft in der Hütte war von den vielen Menschenleibern und den Feuern warm und stickig. Die Flammen der Fettlampen flackerten träge. Der Gesang war wie ein brausender Chor, der immer mächtiger wurde und in den langsam dunkler werdenden Himmel stieg. Nach einiger Zeit schien es Kor, als sei er Teil dieses Brausens, als würde er sich getragen von all den Stimmen und Gebeten in Rait's vom Mondlicht durchfluteten Palast wiederfinden. Die Göttin schaute ihn huldvoll an. Ein leises Lächeln erstrahlte auf ihrem

Gesicht. Als Kor seine Arme nach ihr ausstreckte, brach der Gesang urplötzlich ab. Kor schlug verwirrt die Augen auf und wurde gewahr, wo er sich befand. Einer der Priester hatte sich erhoben. Die Anwesenden folgten mit den Augen seinen Bewegungen, mit denen er die Säule der Götter umfasste und sie langsam und ehrfürchtig so drehte, dass den Anwesenden nun das Antlitz des Gottes mit dem strahlenden Licht zugewandt war. Die beiden anderen Priester stellten sich mit einer Fackel in der Hand links und rechts der Säule auf. Gemeinsam begannen die drei Priester, den jubelnden Gesang des Überganges und der Bitten anzustimmen.

Als die Menschen, die sich in der Hütte der Ahnen befunden hatten, ins Freie entlassen wurden, um dort mit den Übrigen die Bitt- und Übergangsfeier zu begehen, sah Kort, der noch halb betäubt war von der eindrucksvollen Zeremonie, dass draußen und zwischen den Häusern kleine Feuerstellen brannten. Menschengruppen versammelten sich dort, schlugen fellbespannte Trommeln und spielten auf Knochenflöten immer schneller werdende Musik. Es war ein ausgelassenes Singen, Spielen und Tanzen.
Kor hatte Stor an der Hand, der seinerseits die Hand des größeren Bruders umklammert hielt. Die Eltern waren irgendwo beim Feiern. Kor sah amüsiert, wie der gedrungene Körper seines Onkels um ein Feuer hüpfte. Er hatte die Arme nach oben gereckt und wackelte mit seinem mächtigen Hinterteil. Seine Augen rollten furchterregend. Stor wandte Kor's Methode an, zog die Augen mit beiden Händen zu Schlitzen zusammen, um Vater tanzen zu sehen. Der Schmied stieß wilde Laute aus, wozu die Übrigen lachten und brüllend Beifall klatschten.
Da zeigte einer zum Himmel und stieß seine Nachbarn

aufgeregt an: Die Göttin mit dem leuchtenden Auge war hinter einer schwarzen Wolke hervorgetreten und goss über die Feiernden ihr Licht. Sie hatte eingewilligt, sich langsam zurückzuziehen und sich für die nächste Zeit mit einem kleineren Anteil am Himmelsgeschehen zufrieden zu geben. Ein Dankesgebet aus tausend Kehlen schallte empor.

Langsam löste sich die Menschenmenge auf. Auch Urt's Familie suchte ihre Behausung auf. Aja hatte Feuer gemacht. Im Eisenkessel, der über dem Feuer hing, war etwas hörbar am Blubbern. Wie Kor seine Tante kannte, hatte sie frische Kräuter in den Eintopf gemischt. Das schmeckte richtig, richtig gut! Jeder bekam eine Schale mit Brei aus Getreide und Fleischstückchen, und der Krug mit Wasser machte die Runde. Das war ein gemütliches Schmatzen und Schlürfen in trautem Kreis. Während sich die Großen unterhielten, schliefen die beiden Knaben nach dem Essen auf ihrem kuscheligen Schaffell hinter der Feuerstelle kurzerhand ein. „Was für ein Fest!", rülpste Urt zufrieden. „Was sagst du dazu?", fragte Aja an Kor gewandt. „Ihr in der Peterbühl-Gemeinschaft feiert dieses Fest ja auch. Ich weiß das ja. Ich bin ja immer noch ein bisschen eine von euch!" Sie lächelte Kor an und wuschelte durch sein Haar. Wie wohl sich der Junge doch hier fühlte. Was für ein urgemütliches Zuhause!

Am nächsten Morgen schienen Tante und Onkel ernster als sonst, und auch in den umliegenden Behausungen der Rungg-Gemeinschaft herrschte gedämpfte Stille. Kor bekam die Anweisung, zur Lichtung zu gehen und den Kohlemeiler zu kontrollieren. Er sollte schauen, ob das Feuer wohl nicht erstickt war. Der Luftzug ließ sich über

Öffnungen in der mit Erde und Rasenstücken bedeckten Pyramide steuern. War der Luftzug zu stark, würde das Feuer unter dem Mantel zu rasch brennen. Dann wäre die Kohle von minderer Qualität. War der Luftzug hingegen zu gering, würde das leise vor sich hin glimmende Feuer ersticken und es käme überhaupt zu keiner Kohlebildung. Eine richtig verantwortungsvolle Arbeit!

Der Kohlemeiler des kleinen Kupferbrenners befand sich einen Steinwurf von dem Urt's entfernt. Kor ging deshalb an seinem Haus vorbei und wollte anbieten, auch beim Kohlemeiler des Kupferschmieds nach dem Rechten zu sehen. Als er in den gewinkelten Zugang zum Haus einbog, hörte er von drinnen heftiges Weinen und Wehklagen. Eine Männerstimme versuchte, offenbar vergeblich, eine verzweifelte Frau zu beruhigen. Kor entfernte sich eingeschüchtert und nahm den Weg in den Wald. Er würde den Meiler des Kupferschmieds auch ohne Auftrag kontrollieren. Da war etwas Schlimmes im Gange, befürchtete er. Weinen und Klagen waren weder in der Peterbühl-Gemeinschaft noch hier auf Rungg an der Tagesordnung. Die Leute waren es gewohnt, dass schlimme Dinge und belastende Ereignisse eintrafen. Krankheit, Not und auch Tod waren ständige Begleiter und wurden als gegeben hingenommen.

Urt blieb hart. Kor durfte nicht zur Opferfeier, auch wenn er sich das sosehr wünschte. Es rankten sich nämlich richtiggehende Legenden darum. Es war schon lange her, dass jemand von der Peterbühl-Gemeinschaft an einer solchen Zeremonie teilgenommen hatte, damals, als die Gefangenen hierhergebracht worden waren. Aber auch in der Peterbühl-Gemeinschaft herrschte darüber eisernes Stillschweigen. Auch Aja, die Eingeweihte, schwieg beharrlich, wenn sie auf die Opferfeier angesprochen wurde. Das Wenige, was bei den Nichteingeweihten da und dort hinter vorgehaltener Hand erzählt wurde, war so entsetzlich, dass es keiner glauben mochte. Man glaubte dem Erzähler nicht und hielt alles für eine groteske Erfindung. Das Verschwinden des einen oder anderen Mitglieds der Gemeinschaft ließ sich leicht anders, so etwa durch das Einfallen wilder Tiere erklären.

Zur Zeit der Abenddämmerung fing es an. Die eingeweihten Mitglieder der Gemeinschaft zogen wie ein großer Strom mit Lichtern in den Händen in Richtung der Opferstätte. Auch Aja und Urt machten sich auf den Weg. Am gewinkelten Zugang zur Behausung ließen sie zwei Fackeln zur Abwehr von umherirrenden Toten brennen. Die beiden Knaben wurden der Obhut einer Nachbarin anvertraut, die wegen eines schlimmen Leidens an der Wirbelsäule seit einiger Zeit ihre Behausung nicht verlassen konnte. Kor seinerseits machte mit einer Fackel in der Hand seinen Rundgang zum Kohlenmeiler. Trommeln dröhnten, lautstark und rhythmisch, während wie ein schwarzer Vorhang die Dunkelheit über die Wallburg hereinbrach. Vergebens wartete Kor auf die Göttin mit dem leuchtenden Auge. Sie wollte heute nicht erscheinen. Die Sieben Schwestern hingegen zeigten sich auf der klaren, blauschwarzen Wölbung des Bogens der Götter, zusammen mit den unzähligen anderen kleinen Lichtern. Bis in den Wald war das unentwegte Dröhnen der Trommelschläge zu hören. Es war ein bedrohliches, Unheil verkündendes Geschehen. Dann sah Kor, nachdem er von seinem Kontrollgang zurückgekehrt war, im Hintergrund gegen Süden zu einen hell lodernden Feuerschein. Lautes Knacken und Prasseln machten deutlich, dass es sich um Opferfeuer ungeheuren Ausmaßes handeln musste. Und da war dieses ständige Dröhnen, das anschwoll und dann wieder verebbte. Zudem Stimmen aus vielen Kehlen.

Kort konnte sich nicht mehr halten. Das Verbot seiner Pflegeeltern missachtend, nahm er eine der beiden Fackeln aus der Halterung und machte sich kurz entschlossen auf den Weg zum Opferplatz. Kein Mensch begegnete ihm. Offenbar waren alle schon längst dort versammelt. Das Dröhnen wurde immer lauter, je weiter er sich näherte. Das flackernde Glühen großer Feuerkästen wies ihm den Weg.

Schließlich war er da. Eine unüberschaubare Menschenansammlung hatte den Opferplatz umstellt. Unübersehbar ragte der Opferstein über alle Köpfe hinweg in den nachtschwarzen Himmel. Stufen führten hinauf zur Plattform, die in rotflammendes Licht getaucht war. Weißgekleidete Priester machten sich am Altar zu schaffen. Einer der Priester brachte eine große Schüssel und stellte sie unter den Altar. Die Trommeln! Kor suchte nach den Männern, die die Trommeln schlugen. Dann sah er sie, eine Anzahl von Männern, auf deren nackten Oberkörpern Kor eigenartige, mit roter und weißer Farbe gemalte Muster erkannte. Aufgeregtes Murmeln in der Menge. Dann drehten sich die Köpfe in eine bestimmte Richtung. Die Menschen stießen sich an. Lautes Wehklagen war zu hören. Das laute Kreischen einer Frauenstimme, unterdrücktes Schreien und Weinen. Plötzlich brach das Trommeln ab. Einer der Priester war hinauf zur Plattform des Altars gestiegen. Zwei weiß gekleidete Gestalten hoben die Tonschale auf. Eine Stimme rief einen weit hallenden Befehl. Unruhe im Hintergrund. Kor folgte dem Geschehen wie im Traum. Dann sah er, wie zwei Priester eine sich sträubende menschliche Gestalt in Richtung des Altars schafften. Der Priester, der sich oben am Altar befand, hob den Arm zum Himmel und rief einige beschwörende Worte. Erneute Trommelschläge. Dann wurde etwas Großes hinauf zum Altar gebracht. Kor blieb vor Schreck beinahe das Herz stehen. Er sah mit Entsetzen, dass es ein Mensch war, der zum Blutstein geführt wurde. Es bestand kein Zweifel, es wat Tori, der Sohn des Kupferschmieds! Die Priester drückten den sich heftig wehrenden Jungen mit dem nackten Oberkörper auf die Steinplatte. Die Trommeln stellten ihr Dröhnen ein. Der Priester hob den Arm. In seiner Hand blitzte ein Messer. Sein Arm fuhr herab und schnitt dem Jungen mit einer blitzschnellen Bewegung die Kehle durch. Die Trommeln schlugen einen schrecklichen Wirbel, während die beiden Priester das Blut des Geopferten in der Schale auffingen.

„Ihr Götter", rief der Opferpriester zum Himmel gerichtet. „Nehmt dieses Opfer mit Wohlgefallen an! Schenkt unserer Gemeinschaft nach der dunklen Zeit des giftigen Atems eine Zeit des Wachstums und Wohlstandes, eine Zeit ohne Verletzungen, Krankheiten und Überfälle." Die Versammelten riefen im Chor: „Schtorr, o Rait! Schtorr, o Etan!" „Die Familie des Geopferten möge gewiss sein, dass ihr Opfer zum Wohl der Gemeinschaft erbracht worden ist. Die Götter werden sie dafür segnen", fuhr der Priester fort und verließ die Plattform. Der Körper des Geopferten wurde vom Altar genommen. Einige Gehilfen legten ihn auf einen brennenden Holzstoß, wo er langsam zu Asche verbrannte.

Bis dahin war Kor wie versteinert dagestanden. Dann kam ihm langsam zu Bewusstsein, dass das kein Traum war, sondern entsetzliche Wirklichkeit. Ihn würgte. Er bahnte sich einen Weg durch die Menge und übergab sich hinter einem Baum. Wie sehr er nun verstand, warum der Onkel ihn hindern wollte, an dieser Opferfeier teilzunehmen. Er hatte ihm dieses gräuliche Entsetzen ersparen wollen.

Die Trommeln hatten wieder ihren tödlichen Rhythmus aufgenommen. Kor verstand, dass sich das schaurige Schauspiel wiederholen würde, flüchtete ins Dunkel und stolperte zurück zu Urt's Haus. Als Kor durch den gewinkelten Zugang ging, erlosch die Fackel, die er mit sich geführt hatte. Wie Tori's Leben, dachte Kor erschauernd. Was für ein entsetzliches Geschehen! Er suchte seine Schlafstelle auf und rollte sich in seinem Fell zusammen. An Schlaf war nicht zu denken.

Es blieb nicht aus, dass das Geschehen des gestrigen Abends im Haus Urt's zur Sprache kam. Es war Aja, die Kor's Verstörung bemerkte und ihn direkt ansprach: „Du bist gestern also doch zur Opferung gegangen." Es war unsinnig, dass Kor es abstritt. Aja versuchte dem Jungen zu erklären, dass die Götter ohne Menschenopfer Unheil bringen, oder es zumindest nicht verhindern würden. Alle sieben Jahre würden Menschen geopfert, abwechselnd einmal ein junger Mann, dann ein junges Mädchen. Und ja, es stimmte, dass auch die Peterbühl-Gemeinschaft sich ab und zu an diesen Zeremonien beteiligten. Es würde dort genauso wie hier nur nicht darüber gesprochen. Alles würde so abgewickelt, dass die Uneingeweihten glauben konnten, es handele sich bei den Verschwundenen um einen Unglücksfall.

Urt war nicht böse, dass sein Neffe sein Verbot missachtet hatte. „Früher oder später wärst du sowieso dahintergekommen", sagte er bei der Arbeit am Kohlemeiler und drückte den Jungen tröstend an sich. Auf Kor's Nachfrage erklärte er ihm, dass die Weihegeschenke am dritten Tag zum Altar gebracht und dort geopfert worden seien. Zum Zeichen, dass es sich um Geschenke an die Götter handelte, wurden die Gefäße zerschlagen und die Metallgegenstände durch Verbiegen unbrauchbar gemacht. Zusammen mit den Brandresten seien diese Weihegaben in Gruben nahe am Altar versenkt worden.

Kor erhielt die Erlaubnis, in der Rungg-Gemeinschaft zu bleiben. Er wurde ein tüchtiger Schmied, der mit seinem Onkel gleichberechtigt zusammenarbeitete.

~

Seine Erlebnisse erzählte Kor in hohem Alter seinen Enkelkindern und auch, wie es ihm gelungen war, durch viel Überzeugungsarbeit seine Gemeinschaft dazu zu bringen, auf weitere Menschenopfer zu verzichten. Die Götter hatten sich bis dahin nicht gerächt und schienen diese Entscheidung zu billigen.

Das Rungger Egg ...

... in der Nähe des Sportplatzes im Laranzer Wald (Seis) besteht aus einer Doppelanlage, die auf zwei benachbarten, etwa 100 m auseinanderliegenden Geländekuppen liegt: Die "Steinpyramide", die aus einer sieben Meter hohe Pyramide aus Geröllsteinen besteht, liegt auf der östlichen, dem Schlern zugewandten Seite des Rungger Eggs. Dieser Teil wurde von Archäologen nicht weiter untersucht, doch glaubt man, dass sich hier der eigentliche Brandopferaltar befand.

Der „Brandschüttungsplatz" (Bothros) für die Ablage von Opfergaben und die Reste der Brandopfer liegt weiter westlich. Auf einer Fläche von etwa 15 x 25 m wurden fast zwei Tonnen Tonscherben und mehrere tausend Metallgegenstände sowie Knochensplitter ausgegraben. Es stellte sich heraus, dass es sich dabei um etwa 10% Tierknochen von Haustieren, vor allem von Schweinen, Schafen, Ziegen und Rindern handelte. 90% waren menschlicher Leichenbrand! An keinem anderen bekannten Brandopferplatz wurde ein solches Verhältnis festgestellt. Die Knochenfragmente stammen überwiegend von jüngeren Frauen und Männern.
Die Forschung geht davon aus, dass es sich nicht um Totenverbrennungen, sondern um Menschenopfer gehandelt hat.
Es ist nicht ausgeschlossen, dass sich die Peterbühl-Gemeinschaft sowie die hiesige Gschlier-Gemeinschaft und die von Schnagg an Opferungen am Rungger-Egg mitbeteiligt haben. Die Anlage war für den örtlichen Bedarf der Forschung zufolge nämlich zu umfangreich.

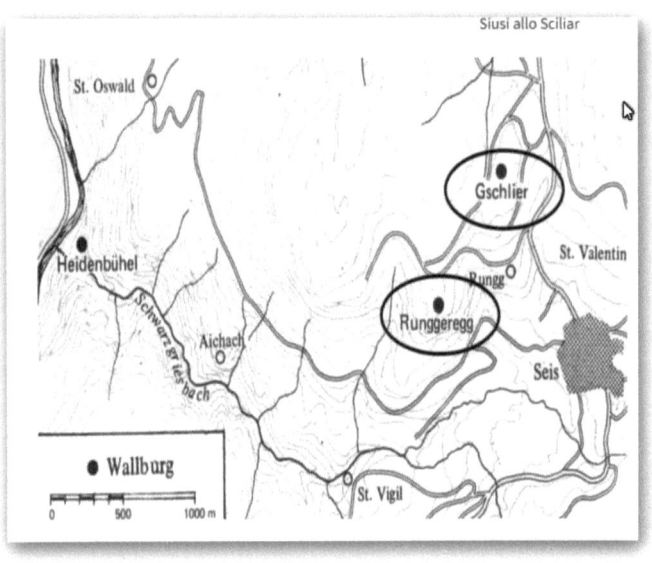

Lage der ehemaligen Wallburg Gschlier mit ihrem
Brandopferplatz am Rungger Egg
im Laranzer Wald bei Seis

Die Räter

Darstellung von musizierenden rätischen Männern

„Eins muss man ihnen lassen. Solide Mauern bauen können sie!", sagte der Veteran zu seinem Präfekten. Der Präfekt stand in leichter Tunika und Sandalen auf dem Hügelplateau und ließ sich den Frühlingswind durch das nach Römerart kurz geschnittene Haar wehen. Der Veteran hatte seinen Helm abgenommen und spielte mit den Scharnieren der Wangenklappen. Die müssten einmal geölt werden, dachte er. Die quietschen. Was macht das für Eindruck! Dann heißt es, die Legionäre, die rosten! „Na ja, wir wollen es nicht übertreiben", meinte er, und während seine Blicke über die verkohlten Überreste der rätischen Häuser am südlichen Abhang des Hügels schweiften: „Aber von OPUS CAEMENTITIUM, unserem super Zement, haben sie keinen blassen Schimmer. Steinklotz auf Steinklotz, ein bisschen Kalk dazwischen, fertig. So machen diese Barbaren das."

„Die bauen ja sowieso fast nur mit Holz", sagte der Veteran. „Aber das ist nicht die schlechteste Art zu bauen. Mir gefällt's. Das ist so schön heimelig."

„Pah", sagte der Präfekt geringschätzig. „Ein paar Brandpfeile, und schon liegt die Siedlung flach! Das hast du ja gesehen, Gaius. Nein nein, nichts geht über solide römische Baukultur!"

Die beiden Männer standen vor dem neu errichteten Verwaltungsgebäude, einem klotzigen Steinbau mit Wachturm. „Das hier, das hält bis zum Ende des Reiches." Wohlgefällig begutachteten die Beiden die schmucken brandroten Ziegeldächer, an denen gerade herumgeklaubt wurde. Die Räter stellten sich nicht ungeschickt an. Der mit dem Bau befasste Legionär war zufrieden. Anscheinend bedachten diese rätischen Männer aber nicht, dass sie an einem Bauwerk arbeiteten, von dem aus sie in Hinkunft kontrolliert werden würden, sonst hätten sie wohl Widerstand geleistet. Nur der dümmste Esel trägt seinen Bauern, der ihn zum Metzger führt!

Kaiser Augustus, der Herrscher der Welt, hatte von diesen Rätern irgendwann endgültig die Nase voll. Diese ISARKEN waren von allen Rätern noch das kleinere Übel. Sicher, sie spielten sich hier als die Herren auf und kontrollierten die alte rumpelige Räterstraße unten im Tal, die das Imperium gerade zu einer ordentlichen Verbindungsstraße ausbaute. Die alte konnte kein römischer Karren befahren, ohne in Gefahr zu geraten, beim nächsten Schlagloch auseinanderzufallen. Nein, diese ISARKEN waren nicht das Problem. Ihre Volksverwandten aber weiter südlich hatten nichts Besseres zu tun, als Überfälle auf die angrenzenden römischen Provinzen zu unternehmen. Jederzeit. Man war sich da nie sicher. Ständige Anwesenheit von ein paar Zenturien da, ein paar dort verringerte die Anzahl der Soldaten in der Armee und bremste die Eroberungsfeldzüge aus.
Der Präfekt nestelte an seiner linken Sandale, die seinen imperialen römischen Fuß quälte, und dachte laut nach: „Dieses Räterpack muss ausradiert werden. Ein für allemal!"
Augustus, der große Herrscher, der Größte aller Großen, war aber noch eins: Neugierig bis zum Geht-nicht-mehr! So befahl er (als Kaiser konnte er ja alles befehlen!), diese Räter etwas genauer unter die Lupe zu nehmen. Wieso denn das? Woher dieses Interesse an einem schäbigen Barbarenvolk? Nun, er wollte wissen, ob die tatsächlich etwas mit den ETRUSKERN zu tun hatten, diesem legendären Volk, das vor 2.500 Jahren große Teile Norditaliens beherrschte. Damit waren die Räter zu direkten Nachbarn der Etrusker geworden. Oder sie stammten womöglich sogar von ihnen ab. Wer's glaubt! Vor den Et-

ruskern hatten die Römer einen gewissen Respekt. Wem verdankte Rom, die Hauptstadt der Welt, ihren glorreichen Namen? Na ja, den Etruskern. Wer baute diese tolle Abwasserleitung, die noch nach zweitausend Jahren in den Schulen gelobt werden wird, die CLOACA MAXIMA? Richtig. Die Etrusker. Und so weiter, und so fort. Nein, als Römer kam man an den Etruskern, den TUSCI, nicht vorbei. Und diese Räter, die für die Römer als Barbaren = als „Stotterer" galten, weil sie kein Latein sprachen: Die sollen von den Etruskern abstammen?

„Hat er das Rätsel gelöst, der Kaiser?", fragte der Veteran und gähnte hinter vorgehaltener Hand. Er wollte den Präfekten nicht verstimmen.

„Nun, Augustus, der Erhabene, hatte Wichtigeres zu tun. Herrschen und unterdrücken und so. Aber er schickte ein paar Leute, die in den neu eroberten Gebieten nach dem Ursprung der Räter forschen sollten. Forschen und erobern, das geht bei uns Römern problemlos zusammen! Das Projekt wurde von TITUS LIVIUS, dem berühmten römischen Geschichtsschreiber, aus der Ferne mit Interesse verfolgt. Er hatte nicht mehr viel Zeit, um den Rätern in seinem berühmten Werk AB URBE CONDITA mehr als ein paar Zeilen zu widmen. Drei Jahre später war er nämlich tot."

„Und, Präfekt?"

„Ja!, schreibt Livius. Die Räter sind Verwandte der einst so mächtigen Etrusker. Allerdings verwilderte Verwandte mit einer verlotterten Sprache. An diesem Abbau war sicher die Landschaft schuld. So ein wildes Gebirgsland tut keinem gut."

„Also sind sie Etrusker, diese Barbaren? Auch die da auf dem Peterbühl. Interessant. Interessant." Gaius hätte auf seine Armbanduhr geschaut, wenn er eine besessen hätte.

„Ihre Schrift, die scheint jedenfalls irgendwie etruskisch zu sein. Wer schreibt denn sonst, beim Jupiter! von rechts nach links im Römischen Reich? Und dann die Buchstaben. Eindeutige Verwandtschaft mit dem etruskischen Alphabet! Aber dann hörte es sich auf. Keine weiteren Gemeinsamkeiten darüber hinaus, sagt er. Keine prächtig ausgemalten Grabkammern mit Totenfesten und Feiern, keine – aber Halt!" Der Präfekt machte eine Pause. „Diese Peterbühl-Isarken, diese barbarischen Räter, die waren immerhin imstande, eine Abwasserleitung vom Hügel in Richtung des (zukünftigen) Florerhofes zu bauen! Da muss man sagen: Alle Achtung! Auch wenn es einem nicht leichtfällt. Und rätischer Wein ist von bester Qualität. Das kann man nachlesen."

„Ich war einmal in den Seealpen oberhalb von Monaco."

„In HERCULIS MONOECI PORTUS? Das ist schön für dich", meinte der Präfekt. „Urlaub in MONOECUS, Monaco. Ihr bekommt wohl zu viel Sold, ihr Legionäre. Ich könnte mir das nicht leisten."

„Urlaub, Präfekt? Urlaub? Was ist das, Urlaub? Nein nein, ich war beim Kriegszug des Tiberius in den Seealpen mit dabei, beim Hauen und Stechen, Erobern und Plündern."

„Das normale Programm halt. Und?"

„Was ich sagen wollte, Präfekt: Dort bei Monaco steht eins unserer Bauwerke, das TROPAEUM ALPIUM. Dieses herrliche Marmordenkmal müsst Ihr gesehen haben! Da sind die 46 Stämme aufgelistet, fein säuberlich in großen römischen Lettern, denen unsere Armeen in den Alpen den Garaus gemacht haben. Diese ISARKEN da, die gerade das Dach am Verwaltungsgebäude decken, sind auch darunter. Sie sind die Nummer fünf auf der Liste."

„Ja ja", meinte der Präfekt stolz. „Wir Römer sind eben nicht aufzuhalten. Und diese ISARKEN sind dabei, wie gesagt, das geringste Problem. Barbaren halt – mit einem bisschen Etrusker-Blut."

„Wenn's stimmt. Diese Peterbühl-Barbaren: Nachkommen der Etrusker. Ich weiß nicht…"

Die rätische Steinstele von Pfatten südlich von Bozen. Bei den Pfattner Rosszähnen sind noch Überreste einer Wallburg aus der späten Eisenzeit zu sehen

	Sondrio o Camuno	Magrè	Bolzano
A			
E			
V			
Z			
H			
Θ (Th)			
I			
K			
L			
M			
N			
P			
Ś			
R			
S			
T			
U			
Φ (Ph)			
X (Ch)			
?			
?			

Fig. 9 Tavola degli alfabeti di Sondrio, di Magrè e di Bolzano. L'alfabeto di Sondrio si basa anche sull'iscrizione della *Schnabelkanne* di Casta-neda e su alcuni documenti inediti.

Rätische Alphabete. Rechte Spalte: Alphabet von Bozen bzw. Sanzeno

Die Römer auf dem Peterbühl

SACINAS ET ARMA DEPONITE!

Der Befehl zum Ablegen des Marschgepäcks war eine riesen Erleichterung. Es wog immerhin alles in allem bei 40 Kilogramm, was da von jedem Legionär tagtäglich über 25 Meilen geschleppt werden musste. Die Männer bekamen von Sextus Valerius, ihrem Zenturio, eine Stunde Zeit, um sich auszuruhen. Er richtete sich auf seinem grobknochigen Apfelschimmel hoch auf, der klein gewachsene Möchtegern aus Napolis, und brüllte seine Befehle in Richtung seines Unteroffiziers, der sie dann nach hinten weiter gab, bis auch der Letzte in der Marschreihe verstanden hatte, was Sache war. Eine Stunde! Die Wurfspeere, der Schwerter und Schilde stellten die acht Legionäre der Zeltmannschaft in gewohnter Ordnung ab, breiteten ihre Decken aus und plumpsten, wo sie sich gerade befanden, auf den Boden. Der eine und der andere hatte Blasen an den Füßen, obwohl das bei den berühmten römischen Marschsandalen angeblich nicht vorkam.

Die acht Kameraden hatten den Marsch aus Brixia (Brescia) ohne Verluste an Ausrüstung und Menschenleben hinter sich gebracht, obwohl die Kolonne immer wieder von barbarischem Gesindel aus dem Hinterhalt angegriffen worden war. Dabei hatte Nerva, der berühmte Feldherr, das Gebiet vor einem Jahr erobert und angeblich befriedet! Der junge Drusus, ihr Kommandant, hatte sich von Verona aus in Richtung Norden in Bewegung gesetzt. Ein gewaltiger Aufmarsch war das mit der Hauptstreitmacht, den sperrigen Belagerungsmaschinen und den bunt zusammengewürfelten Hilfstruppen. Zum nächsten Vollmond würde er zu ihnen stoßen. So waren sie zwei Wochen ganz auf sich gestellt, die beiden Kohorten der „XVI LEGIO GALLICA", der Gallischen Legion mit ihren 160 Legionären, die nun hier mitten in Feindesland ihr Lager aufschlugen.

Lucius, der Jüngste, wurde vom dicken Cassius, der sich stöhnend auf dem Boden wälzte, dazu verdonnert, ihm eine Massage zu verpassen. „Das tut so weh, verdammt weh tut das!", jammerte er und wies auf seine Schultern. Sie waren auch wirklich mit roten Striemen verziert, die ihm das Marschgepäck in die schwabbelige Masse seines Oberkörpers gedrückt hatte.

Die Stunde war um. Nun ging es ans Schanzen. Dabei wurde die Abgrenzung des Lagers gezogen, ein Quadrat von 120 x 120 Schritt, die Größe für ihren Manipel, der aus zwei Kohorten von je 80 Fußsoldaten bestand. Die größte Arbeit bestand darin, den Graben zu ziehen. Das war ein schweißtreibendes Unterfangen, bei dem ein drei Meter tiefer und sechs Meter breiter Graben ausgehoben werden musste. Und das nach diesem nicht enden wollenden Fußmarsch durch Feindesland!

Die ausgehobene Erde wurde zu einem Wall aufgeworfen. Darauf kamen die Schanzpfähle, die mit Seilen miteinander verbunden wurden. Die Schaufeln bildeten einen Teil der Ausrüstung der Legionäre genauso wie die Schanzpfähle selber, von denen jeder Legionär zwei Stück in seinem Gepäck mitschleppen musste.

„So, das wäre geschafft", keuchte Cassius. „Abend für Abend dieselbe Schinderei!" Petronius, der Spanier mit den breiten Schultern und dem ölig glänzenden Pferdeschwanz ließ sich, so wie er war, auf den Boden fallen. Er nahm ein paar tiefe Züge aus der Wasserflasche und spuckte in den Sand. „Freu dich nicht zu früh", knurrte er. „Du hast offensichtlich auf das Fahnenheiligtum vergessen! Das macht sich auch nicht von allein." Bei Jupiter. Das Fahnenheiligtum! Hörte diese Knochenarbeit fürs Imperium denn nie auf! Im Fahnenheiligtum würden die Feldzeichen aufgestellt werden, die Symbole ihrer militärischen Einheit mit dem Löwen des Augustus auf den heiligen Fahnen, die mehr geschützt werden mussten als das Leben der Legionäre selbst. Der Verlust der Feldzeichen an den Feind galt als die größte Schande. Die Legionäre hingegen, die waren austauschbar!

Der dicke Cassius schwitzte aus allen Poren. „Ja ja ja. Und der CARDO MAXIMUS und DECUMANUS MAXIMUS, die beiden Lagerstraßen, müssen auch noch angelegt werden. Bei den Göttern, wozu das alles. Die Einheimischen hier sind lahm wie die Enten. Von denen haben wir rein gar nichts zu befürchten!"

Der Spanier widersprach: „He Cassius, du weißt aber schon, dass diese Räter ständig Überfälle auf unsere südlichen Provinzen machen. Die und diese Gallier. Die sind auch nicht besser. Der Zerberus soll sie holen!" „Und wenn sie der Höllenhund als ungenießbar ausspuckt, dann holen wir sie!", lachte Claudius.

Sie hatten am Zusammenfluss der beiden Flüsse Athesis und Isarcus Position bezogen. Morgen und die beiden nächsten Tage würden sie die VINALIA RUSTICA feiern, das Weinfest zu Ehren Jupiters, bei denen es für die Mannschaften eine nicht zu knappe Portion Wein gab. Was für wahrlich himmlisches Vergnügen nach den letzten fünf Wochen tagtäglichen Marschs. Der FRUMENTARIUS, der für die Verpflegung der Mannschaften zuständige Unteroffizier, hatte die beiden Holzfässer, die von einem Maultiergespann gezogen wurden, gegen jeden Angriff von innen und außen verteidigt. So konnten sie unversehrt und gut gefüllt in diese gottverlassene rätische Provinz gebracht werden.

Nach Beendigung der Arbeiten ging es noch an die Aufrichtung der Lederzelte, in denen die Zeltmannschaften die nächsten drei Tage untergebracht sein würden und ihren Rausch ausschlafen konnten, wenn sie nicht gerade

Wachdienst an den Palisaden verrichten mussten.

Nachdem das Lager aufgebaut war, setzten sich die Zelt-mannschaften zusammen. Jedes CONTUBERNIUM, jede Zeltgemeinschaft verfügte über eine Handmühle, jeder Legionär über ein persönliches Ledersäckchen mit Getreide, welches nun im Freundeskreis gemahlen und zu einem Brei verkocht wurde. Claudius, einer dieser Zeltmannschaft, ein altgedienter grauhaariger Legionär aus den Hügeln Latiums, kannte sich mit den Wildge-wächsen aus und wusste um essbare Pflanzen. Etliche da-von fanden sich auch in dieser von den Göttern gemie-denen Gegend am Ufergelände. Er suchte sie zusammen und verkochte sie in den Brei, den jede Zeltmannschaft für sich auf kleinem Feuer zubereitete.

Es war dämmerig geworden. Überall im Lager flackerten vor den Zelten Feuerstellen. Es war beinahe gemütlich. Man ordnete sein Marschgepäck und versorgte seine wund gelaufenen Beine und Füße. Der Zenturio loste den Wachdienst aus. Die Flussebene, in der das Lager aufgerichtet worden war, befand sich auf einer Kiesbank, dort, wo die beiden rätischen Flüsse sich vereinten. Bald schon würde das gesamte Umland zum Imperium gehö-ren. Es war nur mehr eine Angelegenheit weniger Tage.

Die Abende in den Zelten wuchsen sich zu einer aus-gesprochenen Plage aus. Stechmücken schwirrten und summten durch die Zelte, in den Sümpfen quakten Frö-sche und das Flusswasser, so kostbar es für Mensch und Tier auch war, raubte den Männern trotz aller Müdigkeit durch das ungewohnt heftige Gurgeln und Rauschen den Schlaf. So vertrieben sich die Soldaten die Abende mit Würfelspiel, bis mit dem Befehl EXINGUITE LUMINA! das Signal zum Löschen der Feuerstellen und zur Lager-ruhe gegeben wurde.

Nach den zwei ausgelassenen Tagen des Weinfestes schwirrte den Männern der Kopf. Manch einer kam nur mit größter Mühe auf die Beine. In diesem Zustand hätten die gefürchteten römischen Legionäre keinem Barbaren Eindruck gemacht. Nach der vorgeschriebenen Körperpflege zogen sie sich die Tunica über den Kopf und banden die Sandalen an Füße und Waden. Sie verstauten die Ausrüstung, Kochgeschirr, Wolldecke, Hacke, Rasenstecher, die Tasche mit Verpflegung und den Schild und griffen zur Bewaffnung, die aus einem Dolch, einem Speer und dem Kurzschwert bestand.

Der Manipel würde sich hier teilen. Die eine Zenturie würde nach Nordosten, die andere nach Nordwesten marschieren. In zwei Stunden hatten sie das Lager abgebrochen, die Schanzpfähle aufgeladen und die Zelte auf die Maultiere gebunden, die wie festgemauert dastanden und sich alles gefallen ließen. „PARATE VOS AD ITER", kam es vom Unteroffizier, „macht euch marschbereit". Dann ging es los durch unwegsames Sumpfgelände in Richtung einer breiten Ebene, an der das Imperium später eine Stadt errichten würde: BAUZANUM, Bozen. Zehn Meilen marschierte die Zenturie, die sich vom Großverband abgesondert hatte, durch unwegsames, teils versumpftes Gelände und durch eine düstere Schlucht, bis der Zenturio den Befehl gab, Halt zu machen und das östliche Gelände auszuspähen, das von der Flussebene steil in die Höhe führte.
Gerade als zwei Berittene einen Karrenweg nach oben nehmen wollten, um nach möglichen Feinden Ausschau zu halten, polterten von der Anhöhe massenweise Steine nieder. „SCUTA SURSUM!", brüllte der Zenturio, „die Schilde über den Kopf!" Trotz der Warnung wurden drei Legionäre und zwei Maultiere von den wie Raub-

tiere herumspringenden Gesteinsbrocken erfasst und zermalmt. Auch den dicken Cassius hatte es an einem Bein erwischt. Er jammerte und quiekte wie ein Ferkel. Der CAPSARIUS, der Sanitäter, eilte von Mann zu Mann und versorgte die Verletzten. Den wehleidigen Cassius, dessen Quieken zu einem erbärmlichen Gejammer übergegangen war, nahm er als Letzten dran und verband seinen Kratzer. Die Räter oben auf dem Mittelgebirge waren auf der Hut. Sie schienen nichts davon zu halten, ohne Gegenwehr erobert zu werden. Diese Barbaren hatten wohl noch nichts von der unbesiegbaren römischen Armee gehört. Sie konnten ihr Schicksal bestenfalls ein paar Stunden hinauszögern.

Die gefallenen Kameraden wurden geborgen. Sie würden ein würdiges römisches Begräbnis erhalten. Eine Ganzkörperbestattung. Eine Verbrennung war auf Feldzügen aus Gründen der Sicherheit nicht machbar. Auch die toten Maultiere wurden in sicherer Entfernung hinter einen großen Felsen ans Flussufer geschleift und an Ort und Stelle ausgenommen. Das Fleisch wurde portioniert, der Abfall in den Fluss geworfen. Fürs Erste zog sich die Zenturie zurück und suchte nach einem anderen Weg, der sie unentdeckt in die Höhe brachte.

Der junge Lucius hatte zwar keine Verletzung davongetragen. Er war flink und wendig und hatte den springenden Steinen geschickt ausweichen können. Seine Verletzung war seelisch, da er einen Freund verloren hatte. Die Kameraden der Zeltmannschaft trösteten ihn, so gut es die rauen Krieger fertigbrachten. Auch wenn er der Kleine war, gehörte er doch dazu und wurde von den Kameraden als einer der Ihren betrachtet. Lucius hatte sich etwas gefangen. Er zog seinen Lederbeutel hervor und kramte nach einer Münze, fand einen AS und suchte nach den Leichen der Getöteten. Als er seinen gefallenen

Freund fand, legte er dem Toten den AS unter die Zunge und sprach ein kurzes Gebet. Er wusste, dass er die Münze benötigen würde, um über den Totenfluss in den OR-CUS, die Unterwelt, zu kommen. Sollte der Verstorbene die Überfahrt nicht bezahlen können, würde seine Seele hundert Jahre an den Ufern des Flusses umherflattern, bis ihm der Fährmann die Überfahrt erlaubte. So hatte es ihm seine griechische Mutter beigebracht. Es war heute nicht das erste Mal, dass er diese religiöse Handlung an einem Kameraden vornehmen musste. Aber es war Te-rentius, sein Freund!

Der Zenturio gab Befehl, dass die Kohorte sich eine Mei-le nach Süden zurückziehen und dort das Nachtlager aufschlagen solle. Die Erstürmung dieses verdammten Bergrückens würde am kommenden Morgen bei Tages-anbruch mit frischen Kräften vorgenommen werden. Vier Legionäre bekamen den Auftrag, vor dem Abmarsch für die Grablegung ihrer Kameraden zu sorgen, was sie unverzüglich in Angriff nahmen. Die Toten wurden in ihre Decken gehüllt und mit dem Gesicht nach oben in ihrer Tunika und mit den Sandalen an den Füßen in die sechs Fuß tiefen Gruben gelegt. Die Gräber wurden zum Schutz gegen wilde Tiere mit den zuhauf herumliegen-den Flusssteinen abgedeckt. Lucius entzündete eine Fa-ckel und stellte sie zwischen die Gruben. Dann bekam er die Erlaubnis, ein kurzes Gebet zu sprechen. Dieses Gebet musste mit einem Dank an den Kaiser, der ja auch Oberster Priester war, und an ihren Feldherrn beendet werden. Die militärischen Ausrüstungsgegenstände, Rüstung, Schild, Speer und das Kurzschwert wurden dem ACTUARIUS, dem für die Ausrüstung zuständigen Verwalter, übergeben. Zwei Bronzetrompeten bliesen den Abschiedsgruß. Nach ein paar Minuten des Schwei-gens marschierten die Männer in geordneter Reihe nach

Süden, wo sie das Nachtlager aufschlagen würden.

Früh am nächsten Morgen machten sich fünfzig der achtzig Männer der Kohorte auf den beschwerlichen Aufstieg. Sechs EXPLORATORES, Kundschafter, hatten noch am späten Abend nach dem Schanzen das Gelände in Augenschein genommen. Etwas weiter südlich waren sie tatsächlich auf einen zugewachsenen Weg gestoßen, der sich nach oben schlängelte. Er war wohl schon seit Langem nicht mehr benutzt worden. Die übrigen Soldaten, es waren die vom gestrigen Steinschlag verwundeten und einige andere mit Verletzungen aus den vergangenen Zusammenstößen, blieben als Bewachung der Maultierwagen und der Pferde im Lager zurück. Der Zenturio war der Auffassung, dass diese Anzahl stolzer römischer Legionäre mit den paar rätischen Barbaren problemlos fertig werden würden. Die hatten ja als einzige Strategie das Steinewerfen zu bieten, wie er spöttisch meinte. An zusätzlichem Kriegsgerät wurden Pechpfeile mitgenommen und Kannen mit glühender Kohle. Vier Maultiere, die geländegängigsten, trugen Strickleitern und Langspieße. Die Legionäre bekamen die ungewöhnliche Anweisung, hintereinander und in größeren Abständen zu marschieren und peinlich auf jedes verdächtige Geräusch zu achten. Steine von oben, das war eine heimtückische Sache.

Die Sonne brannte schon am frühen Morgen unbarmherzig von einem feindlichen Himmel, der wohl mit ebenso feindlichen Göttern bevölkert war. Ab und zu floh ein Tier vor den anrückenden Soldaten und verschwand knackend im Unterholz. Vögel flogen kreischend auf. Wie leicht konnten sie den Barbaren den anrückenden Feind verraten! Unter ihnen tosten die braunen Fluten des Isarcus, der stark angeschwollen war, obwohl es August war. Es hatte wohl weit oben im unbekannten Norden, den sie dabei waren, ins Imperium einzugliedern, Unwetter gegeben. Ein langer Zug quälte sich Schritt für Schritt den Berg hinauf. Wehe, wenn eine Sandale Geröll lostrat! Das konnte die Nachrückenden in Gefahr bringen und obendrein ihren Standort verraten. Cassius hielt sich schnaufend am Schwanz seines Maultieres fest und schimpfte mit verhaltener Stimme nach hinten, wo ihm Petronius, der Spanier, auf dem Fuß folgte. „Da schau, dieser komische Bergrücken da rechts oben. Was soll so ein Gelände aus bloßem Fels und Stein dem Imperium bieten? Total sinnlos ist das hier!" Petronius ließ die dampfenden Pferdeäpfel, die das Maultier wie zur Bestätigung fallen gelassen hatte, ins Tal kullern und schnappte nur kurz: „Befehl ist Befehl."

Irgendwann erreichte die Vorhut ein kleines, von Eichen und Sträuchern umsäumtes Plateau. Dort sammelte sich der Großteil der Kohorte zu einer Verschnaufpause und zur Besprechung der Lage, die der Zenturio mit ungewohnt verhaltener Stimme vornahm. „Legionäre, ihr stolzen römischen Soldaten, hört, was ich euch zu sagen habe." Die stolzen römischen Soldaten gaben ein wenig stolzes Bild ab. Sie saßen schwitzend und schnaufend auf dem Boden herum und hörten den Worten ihres ungeliebten Kommandanten mit mürrischen Gesichtern zu. „Die Räter haben die Angewohnheit, ihre Behausungen, wenn man sie als solche bezeichnen will, auf Hügeln zu errichten. Das ist bestimmt auch hier nicht anders. Also müssen wir uns darauf einstellen, eine Flanke zu finden, auf der wir bis hinauf zur Kuppe kommen können." Er machte eine Pause und ließ sich die Feldflasche reichen. „Rätische Hütten haben Dächer, die mit Stroh gedeckt sind. Ziegel kennen die nicht. Das ist einer ihrer Schwachpunkte. Die Zeltmannschaft mit den Spezialisten für Brandpfeile, die von Cornelius Publius, soll sich vorne anreihen und als erste die Anhöhe kapern." „Hier Cornelius Publius. Wir sind bereit, Zenturio!" Sextus Valerius befahl nun den Aufbruch.

Es ging darum, das Römische Reich um ein unbedeutendes Eck in rätischem Feindesland zu erweitern. „PARATE VOS AD ITER", auf geht's. „Und denkt an die Belohnung! Wenn die Barbaren Widerstand leisten, habt ihr freie Bahn zur Plünderung." Die Legionäre brachten sich in Formation. In kurzer Zeit hatten sie die Anhöhe erreicht.

Wie der Zenturio gesagt hatte: Auf einem Hügel reihte sich Haus an Haus. Eine Mauer schützte die östliche Flanke der Siedlung. Die dürfte kein größeres Problem darstellen. Als die ersten Soldaten den Fuß des Hügels erreichten, schlug die Wache oben auf dem Hügelplateau Alarm. Im Nu wimmelte es auf der Kante der Umfassungsmauer von Männern. Sie waren offensichtlich auf den Überfall vorbereitet. Sie schienen keine nennenswerte Bewaffnung zu tragen. Einer von ihnen trat an die Mauer vor und rief ihnen in einer rauen, unverständlichen Sprache ein paar Worte zu. Der Zenturio, der sich an die Spitze seiner Leute gestellt hatte, trat ein paar Schritte vor und brüllte in bestem Latein: „Ergebt euch, und es wird euch nichts geschehen! Ansonsten werdet ihr gnadenlos niedergewalzt! Wählt."

Die rätische Besatzung schien die Botschaft misszuverstehen. Einige Steine flogen, dann schwirrten Pfeile durch die Luft. Der Zenturio befahl der vierten Zeltmannschaft, Brandpfeile auf die Hütte abzuschießen, die ihnen am nächsten war und direkt an die Befestigungsmauer angebaut war. Bald schon stand das Dach hellauf in Brand. Während sich die Belagerten, wohl um den Brand zu löschen, von der Mauer zurückzogen, ließ der Zenturio seine Männer weiter vorrücken. Mit über die Köpfe gehaltenen Schilden näherten sie sich in enger Formation Schritt für Schritt der Mauer. Steine prasselten auf die Angreifer nieder. Wildes Schreien kam aus der Siedlung. Und schon stand ein weiteres Haus in Flammen.

Der Zenturio, der verhasste, drang als Erster bis zum hölzernen Tor vor. Brandpfeile trafen das Ziel und schon bald brannte auch das Tor lichterloh. Inzwischen waren alle fünfzig Legionäre am Fuß des Hügels versammelt und schlossen ihn vollständig ein. Dann brach das Tor in sich zusammen. Die ersten Legionäre drangen in die Siedlung ein. Die Belagerten zogen sich zu einem zentralen Gebäude zurück, das wohl ihr Heiligtum war. Bevor die Soldaten in die Häuser eindringen und ihr blutiges Handwerk vollbringen konnten, rief der Zenturio in lautem Befehlston, der das Schreien und das Prasseln der Flammen übertönte: „Haltet ein! Wir regeln das auf zivilisierte, auf römische Art!"

Daraufhin wurden die Barbaren in der Mitte des zentralen Platzes zusammengetrieben. Ein Legionär, der Rätisch sprach, sagte barsch: „Holt euren Anführer her!" Ein alter Mann mit langem weißem Bart und einer fremdartigen Kopfbedeckung trat vor. „Bist du der Anführer? Sprichst du für diese Siedlung?" „Ich bin Kor", sagte der Alte. „Ihr habt uns überfallen, obwohl wir euch nichts zuleide getan haben!" Der Legionär fragte seinen Herrn, wie er verhandeln solle. „Ihr habt euch gegen das Römische Imperium gestellt. Das setzt eine Strafe! Aber mein Herr hat Gnade versprochen, weil ihr nicht wusstet, wer wir sind." Zwei der Legionäre holten ein Ochsenjoch von einem Maultier und stellten es mitten auf dem Platz auf. „Zum Zeichen, dass ihr besiegt seid und ab sofort dem Römischen Reich angehört, befiehlt euch der Zenturio, dass ihr Männer, einer nach dem andern, unter dem Joch hindurchkriecht und damit bezeugt, dass ihr euch dem römischen Willen fügt. Für immer fügt."

Der Älteste der Siedlung sah, dass sie sich fügen mussten. Er war erleichtert, dass die Eroberer Frauen und Kinder verschont hatten, ja nicht einmal danach fragten. Deshalb sagte er zu seinen Männern: „Wir haben keine Wahl!", und forderte die Gemeinschaft auf, sich den Besatzern zu fügen. Zwei der jungen Männer, Ert und Zan, weigerten sich, diese Schande auf sich zu nehmen. Sie wurden auf der Stelle niedergemacht.

In kurzer Zeit stand die gesamte Siedlung unter römischer Kontrolle. Der Zenturio befahl, als Zeichen der Demütigung und um der Gemeinschaft jeden Schutz zu nehmen, die Mauer innerhalb eines Mondes abzureißen und die Reste des Tors zu entfernen.

Von den Häusern waren zwei vollständig abgebrannt, die restlichen wurden verschont, mussten aber den neuen Besitzern übergeben werden. Die Soldaten bekamen den Auftrag, sämtliche Waffen und Geräte aus Metall, die sich als Waffen eigneten, einzusammeln. Eine Zeltmannschaft wurde beauftragt, sich im Heiligtum der Barbaren, der Hütte der Ahnen, einzurichten. Es würde der neue römische Verwaltungssitz sein.

Die übrigen Römer zogen ab. Sie machten sich auf den Weg hinunter in die Ebene des Isarcus, wo sie sich mit den anderen vereinten und bis auf einen Posten bestehend aus zwei Zeltmannschaften weiterzogen. Über Signalfeuer, die auf dem Dach des Heiligtums, das nunmehr römischer Verwaltungssitz eines PAGUS war, hielten die Belagerer Kontakt mit der Hauptstreitmacht unten im Tal, die sich bald mit den aus Verona anrückenden Truppen des Drusus vereinen würden. Dann würden zwei weitere Zeltmannschaften zur Verstärkung und Kontrolle der Peterbühl-Gemeinschaft geschickt werden.

Wie später bekannt wurde, ist die etwa fünf Meilen weiter im Norden befindliche Rungg-Gemeinschaft von römischen Truppen in kurzer Zeit eingenommen und zusammen mit der Gemeinschaft Porz ebenfalls dem römischen Reich eingegliedert worden.
Cassius, Lucius und Petronius gehörten zur Zeltmannschaft, die nun auf fremdem Boden die Belange des Römischen Reiches zu vertreten hatten.

Als Kaiser Tiberius zwei Jahrzehnte später Hilfsmannschaften nach Norden schickte, befahl der Legat, der die Legion anführte, einer Zenturie, auf dem Hochplateau unter dem Schal-Ern eine Inspektion durchzuführen. Es wurde ihm berichtet, dass die stationierten Legionäre in treuer Dienstausübung die Belange des Reiches vertraten. Das ehemalige rätische Heiligtum war zu einem Verwaltungsposten ausgebaut worden, in dem Römisches Recht gesprochen und römische Verwaltungstätigkeit ausgeübt wurde. Die unterworfenen Räter hätten sich mit den Besatzern ausgesöhnt, trügen nun römische Gewänder und sprächen ein einigermaßen verständliches Latein. Verschiedentlich würden Kinder römische Vornamen erhalten, und römische Zivilisation hätte die alten barbarischen Sitten abgelöst. Ja, es gäbe sogar ein Bad! Drei der Legionäre hätten sich rätische Frauen genommen und würden so dafür sorgen, dass rätisches Erbe langsam in Vergessenheit geriet.
Der Legat schrieb einen entsprechenden Bericht nach Rom und setzte seinen Zug nach Germanien weiter fort.

Wie bekannt, sind das Etsch- und Eisacktal um 15 v. Chr. von Truppen des jungen römischen Feldherrn Drusus im Verlauf eines einzigen Sommers erobert worden.

Auf dem Peterbühl wurde mit großer Wahrscheinlichkeit ein PAGUS, ein römischer Verwaltungssitz, errichtet, der bis zum Ende des Weströmischen Reiches gegen 500 n. Chr. das umliegende Gebiet kontrollierte und verwaltete.

Das Haus am östlichen Abhang

Kort's Rückkehr aus der Legion

Er ist einen ganzen Jahreslauf von zuhause weg gewesen, Kort aus der Familie der Krieger des östlichen Abhangs. Die Feldherren des Augustus, den die Römer den Erhabenen nannten, manche auch den Göttlichen, hatten die jungen Männer der Peterbühl-Gemeinschaft zum Kriegsdienst gezwungen. Auch Kort war unter den Männern, die das Los getroffen hatte. Trotz seiner hohen Stellung im Rat hat sein Schwiegervater Art keinen Einfluss darauf gehabt. „ITA EST", hatte der Präfekt achselzuckend gesagt. „So ist es nun mal." Sechzehn Rait-Umläufe war er in Feindesland gewesen, Kort, der unfreiwillig eingezogene rätische Legionär, hat bei den Kelten mit der Waffe römische Interessen vertreten. Und er hat überlebt. Drei Kameraden haben dieses Glück nicht gehabt. Sie liegen in feindlicher Erde begraben.

Die römische Besatzung begrüßte ihren Waffenbruder auf militärische Art, indem sie die rechte Faust an die Brust führten und ihm dann den Arm mit gespreizter Hand entgegenstreckten. „Cortanus, AVE. Sei willkommen, du vom Orcus Verschonter!" Der Präfekt stand in militärischer Ausrüstung vor dem Verwaltungsgebäude auf der Kuppe des Hügels und hieß den Heimkehrer willkommen. Es war ihm durch einen der Reiterboten mitgeteilt worden, dass Cortanus, der Räter, im keltischen Feindesland zu militärischen Ehren gekommen war. Es war ihm zu verdanken, dass eine ganze Zenturie, über achtzig Legionäre, einen feigen Überfall aus dem Hinterhalt überlebt hatten. Decimus Veronisius ließ den Adler der Legion aus dem Fahnenheiligtum holen. Die kleine römische Besatzung des Peterbühl stand stramm, als der Präfekt den silbernen Torques an seinen Brustpanzer heftete, eine Auszeichnung für besondere Tapferkeit im Kampf gegen die Kelten.

Kort nahm die Auszeichnung mit gemischten Gefühlen entgegen. Auch seine Verwandtschaft und die Freunde von der Peterbühl-Gemeinschaft wussten nicht so recht, was sie davon halten sollten. Kort hat für die Römer, ihre Besatzer, gekämpft. Aber, was blieb ihm denn für Wahl? Dass seine drei Kameraden nicht mit ihm zurückgekehrt waren, belastete die Gemeinschaft sehr.

Eine schlimme Nachricht

„Wo ist Iri, meine Frau", fragte Kort und blickte sich beunruhigt um. „Und Valeria, meine Tochter. Wo sind sie?" Der Rat der Älteren rief Kort in die Hütte der Ahnen auf der Kuppe hinter dem Verwaltungsgebäude. „Eine schlimme Nachricht", sagte der Älteste langsam. Korts Schwiegereltern hatten sich zu den Älteren gestellt. „Deine Tochter -" Der Vater seiner Frau stockte, bevor er weitersprechen konnte. „Was ist mit Valeria??", stieß Kort hervor. Seine Schwiegermutter wandte sich ab und bedeckte ihr Gesicht mit einem Zipfel ihres Kleides. „Valeria befindet sich im Schattenreich. Die Göttin hat sie zu sich gerufen."

Kort setzte sich, erschöpft und verschwitzt wie er war, auf den hölzernen Balken in der Hütte. Er war wie erschlagen. „Und meine Frau?", stieß er hervor. „Wo ist Iri?? Warum begrüßt mich meine Frau nicht, wie es Sitte ist?" Die Schwiegereltern verließen die Hütte der Ahnen. Ern, Valeria's Großmutter, musste von ihrem Mann gestützt werden. Nachdem sie die Hütte hinter sich gelassen hatten, war lautes Wehklagen zu hören und die Stimme des Schwiegervaters, der seine Frau zu beruhigen versuchte. Nach einiger Zeit kehrte Art aufgewühlt zurück und setzte sich wieder an seinen Platz beim Rat der Älteren. Art, der Schwiegervater, berichtete dem Zurückgekehrten stockend, was vorgefallen war. Dass Valeria, die geliebte Tochter, das Opfer eines streunenden Wolfes geworden war. „Deine Frau konnte nicht verhindern, dass Valeria angefallen und getötet wurde. Mitten in der Nacht ist er in dein Haus eingedrungen. Wohl aber ist es ihr gelungen, die Bestie zu vertreiben. „Das war alles zu viel für sie", sagte Art und schwieg bedrückt. Als Kort ihn dazu drängte, weiter zu berichten, fuhr er fort: „Iri ist in große Verzweiflung gefallen. Sie hat die Göttin verflucht. Sie hat die Gemeinschaft verlassen, noch bevor ihre Tochter, deine Tochter, mit der Totenfeier verabschiedet worden ist." „Verlassen?!", stieß Kort hervor. „Was bedeutet das??"

Ein Verwandter hatte die Hütte der Ahnen betreten und gesellte sich zu den Ratsmitgliedern. Er legte die Hand auf Kort's Schulter. „Du kommst heim, und nun diese Nachricht. Die Göttin möge dich trösten, mein armer Kort."

Kort verließ die Hütte der Ahnen und riss sich Stück für Stück die römische Rüstung vom Leib. Er selbst hat im Dienst der Legion Menschen den Tod bringen müssen. Frauen und Kinder hat er im Gedenken an seine Familie stets verschont. Und jetzt dieses unbegreifliche Unglück in seiner eigenen Familie!

Sein Vater hat ihn vor der Hütte erwartet. „Kort, mein Junge", sagte er und legte den Arm um die Schultern seines Sohnes. „Komm in die Hütte. Deine Mutter wartet auf dich."

Als Kort sich nach der bedrückten Begrüßung gewaschen hatte und in seiner Stammeskleidung am Feuer saß, fing die Mutter an, die Vorfälle zu schildern, die sich in seiner Abwesenheit zugetragen hatten.

Die Wahrheit

„Kort, Junge, wir müssen dir Dinge berichten, die dir nicht leicht fallen werden", sagte Kort's Mutter und blickte ihren Mann an. „Was kann es denn noch Schlimmeres geben, als ich schon erfahren habe", sagte Kort tonlos. „Kort, wir müssen dir etwas mitteilen, was uns der Rat verboten hat, dass wir es zur Sprache bringen", sagte der Vater. „Aber wir können und wollen es dir nicht verschweigen." Kort schaute verwirrt auf. „Junge, deine Tochter, unsere Enkelin, ist nicht von einem Wolf getötet worden, wie man dir gesagt hat." „Wenn es nur so wäre", fügte die Mutter hinzu und wandte ihr Gesicht ab. „Kort, sei tapfer! Die Wahrheit ist eine andere und ich wage fast nicht, sie auszusprechen. Valeria ist von ihrer eigenen Mutter, deiner Frau, Art's und Ern's Tochter, getötet worden."

Kort blickte seine Eltern entgeistert an und sprang auf. Er lief in der Hütte hin und her und trommelte mit den Fäusten gegen den Türpfosten. „Was, was sagt ihr da?!", brüllte er, so dass die Eltern ihn auffordern mussten, seine Stimme zu senken. Es handele sich um eine Angelegenheit, die unbedingt geheim bleiben musste. Schließlich setzte sich Kort wieder ans Feuer. Er schien gebrochen und starrte in die Glut, während die Eltern berichteten.

Gern hätte Kort's Mutter ihn daran erinnert, dass sie ihn davor gewarnt hatte, Iri, ausgerechnet Iri zur Frau zu nehmen. Iri, die Tochter der Schamanin, eine bemerkenswert schöne junge Frau, gewiss, hochgewachsen, schlank, mit schwarzen Haaren und dunklen Augen, in denen verhaltenes Feuer glühte. Die Eltern kannten sowohl die Mutter als auch ihre Tochter, deren Vater, Art, dem Rat der Älteren vorstand. Es ging die Rede, dass Art's Frau ihren Mann mit Hilfe ihrer magischen Künste

vollkommen in der Hand hatte und mit ihm nach Gut-
dünken verfahren konnte. Dass Art dennoch zu dieser
angesehenen Position im Rat der Älteren gekommen
war, war seiner angesehenen Herkunft von der Rungg-
Gemeinschaft zu verdanken. Seine zukünftige Frau war
strikt dagegen gewesen, die Gemeinschaft zu verlassen.
Deshalb wählte Art die Peterbühl-Gemeinschaft zu seinem Wohnsitz und brachte einen großen Besitz an Eisengeräten und Bronzeschmuck sowie zwei Maultiere
mit. Vor allem den eisernen Werkzeugen waren es zu
verdanken, dass der Wohlstand der Peterbühl-Gemeinschaft immer weiter zunahm. Seinen Reichtum verdankte Art dem Salz. Er war lange Zeit Salzhändler gewesen
und hatte sich oft im Keltenland aufgehalten. Römische
Truppen haben irgendwann den Handelsweg unterbrochen. Damit war diese Einnahmequelle Geschichte.
Art war ausgesprochen großzügig. Er verlieh die Geräte
sowie die Arbeitstiere ohne Gegenleistung an jeden, der
sie benötigte. Und auch mit den Römern wusste er eine
gute Beziehung zu pflegen. Er sprach ein beinahe fehler-
loses Latein. Das gab es bei Rätern nur selten und kam
bei den römischen Eroberern sehr gut an. Die Räter galten den Römern nämlich als Barbaren, was Stotterer bedeutet, als Hinterwäldler, die keine Kultur besaßen und
außerstande waren, eine zivilisierte Sprache zu sprechen.
Ja, Kort's Mutter war gegen diese Verbindung gewesen.
Nicht Iri's Vater wegen, sondern wegen deren Mutter
und auch wegen Iri selbst. Iri galt zwar als Schönheit, in
ihrem Wesen jedoch war sie ihrer Mutter außerordentlich ähnlich. Es ging die Rede, dass sie das Zweite Gesicht hatte und mit den dunklen Mächten in Verbindung
stand. Die Frauen in der Gemeinschaft ahnten, dass
Mutter und Tochter Bilsenkraut und Pilze für ihre Magie verwendeten. Manches Mal wurden die Beiden ge-

sehen, wie sie auf der Terrasse am westlichen Abhang im Vollmondlicht wie in Trance seltsame Tänze aufführten. Oft schien es den Wachen, als seien sie auch nicht allein, sondern würden mit einer großen Anzahl schattenhafter Gestalten verkehren. Die Bewohner der Gemeinschaft mieden den Kontakt zu ihnen, auch die Frauen. Iri war unberechenbar und schien manches Mal nicht sie selbst zu sein. Kort war dieser Frau aber hoffnungslos verfallen. Umgekehrt war er für Iri der Mann, den sie sich erträumt hatte, attraktiv, gebildet, intelligent und ein athletischer junger Mann, der beim Kräftemessen jeden schlug.

Kort's Mutter setzte das Gespräch fort. „Kort, lieber Junge, wir leiden mit dir. Wie dein Vater sagte. Es war Iri selbst, die eure Tochter, unser Enkelkind, getötet hat."

Stille.

Dann berichteten Mutter und Vater abwechselnd, was sich in Wahrheit zugetragen hatte. Iri hatte seit Kort's Einberufung in die Legion allein mit ihrer Tochter Valeria in dem großen Haus gewohnt, das Art seinem Schwiegersohn hatte bauen lassen. Den Lebensunterhalt ließ Art von einem seiner Knechte vorbeibringen. Öfter bekam Iri Besuch von ihrer Mutter, die manchmal mehrere Tage blieb. Dann ging es in Kort's Haus zu wie bei einem Fest. „Iri ist immer seltsamer geworden", sagte die Mutter bekümmert. „Sie war auch schon vorher, bitte verzeih, Kort, manchmal nicht leicht zu verstehen." Kort schwieg und starrte ins Feuer. „Iri trieb sich in der Zeit deiner Abwesenheit des Öfteren auch allein in der Dunkelheit herum. Die römische Wache hat beobachtet, dass sie immer wieder den Hügel verließ und zum Begräbnisplatz hinunter ging, um dann erst nach mehreren Stunden wiederzukommen. Oft bewegte sie sich, als seien ihre Sinne getrübt. Das war wohl vom Bilsenkraut. Ab und zu hörte man Valeria weinen, die im leeren Haus wohl

Angst hatte. Sie war ja erst zwei Jahresläufe alt."

„Die Römer haben zugeschaut", sagte Kort's Vater. „Art hat sie alle um den Finger gewickelt. Und wir beide, deine Eltern, Valerias Großeltern, durften nicht ins Haus. Das hat Art uns verboten mit der Begründung, dass es sein Haus sei, seine Tochter und seine Enkelin, um die es sich hier handelte. Der Rat der Älteren stand eisern zu ihm. Hätten wir uns nur nicht daran gehalten. Verzeih Junge! Dann wäre womöglich alles anders gekommen."

„Was genau den Ausschlag gegeben hat, weiß keiner, oder vielleicht war es Iri's Mutter. Womöglich steckt die alte Hexe dahinter," fuhr die Mutter fort. „Eines Nachts hörte man schreckliches Schreien und Heulen in deinem Haus. Wir sind alle hingerannt, aber da war es schon zu spät. Iri wurde neben Valeria vorgefunden mit offenem Haar und wirrem Ausdruck. Deine Tochter lag erstickt auf dem Bett."

Die Mutter weinte leise. Kort's Vater warf ein Holzstück ins Feuer, dass ein Funkenregen aufstob. Kort selbst schwieg, bis der Vater weiterredete:

„Iri hat behauptet, Valeria wäre verhext gewesen. Sie habe in mehreren Sprachen gleichzeitig gesprochen. Ihr kleiner Körper hätte sich ausgedehnt und sei immer größer geworden. Dann plötzlich habe sie sich mit funkensprühenden Augen und grässlicher Fratze auf sie gestürzt. Da habe sie ein Fell genommen und habe sie damit zum Schweigen gebracht. Das war die Erklärung."

„Die Römer, die dem Ganzen mit Unverständnis gefolgt sind, haben sich herausgehalten. Rätersache, hat der Präfekt achselzuckend gemeint. Art wurde beauftragt, die Angelegenheit so zu regeln, dass die Gemeinschaft ruhig blieb. So wurde Iri, die teilnahmslos auf der Bank saß, in die Hütte der Ahnen gebracht, wo am nächsten Tag beratschlagt werden sollte, was weiter zu geschehen habe."

„Art hat dafür gesorgt, dass seine Tochter von Männern, denen er vertraute, bewacht wurde", sagte Kort's Vater. „Das war nicht schwer, weil er ja überall Freunde in der Gemeinschaft hat." Am nächsten Tag war Iri fort. Art's Freunde behaupteten, die Flucht sei mit Hilfe von Magie gelungen, die vom Iri's Mutter angewandt worden sei. Iri's Mutter sei nämlich in völliger Dunkelheit um die Hütte gestrichen und habe dabei unverständliche Sätze gemurmelt, als würde sie einen Zauber anwenden.

Die kleine Valeria ist am folgenden Abend auf dem Begräbnisplatz eingeäschert worden. Ihre Mutter, Iri, blieb verschwunden.

Der Rat hatte auf Art's Wunsch beschlossen, dieses schreckliche Unglück so zu erklären, dass ein Wolf in Kort's Haus eingedrungen sei und das Kind zerrissen habe. Damit wollte er seine Tochter schützen und verhindern, dass sie auf den Brandopferplatz nach Rungg geschafft wurde. Die wenigen Eingeweihten wurden zu Stillschweigen verpflichtet, auch Kort's Eltern. „Aber wir können dir die Wahrheit nicht vorenthalten", sagte die Mutter. „Du hast ein Recht zu erfahren, was sich wirklich zugetragen hat."

Als Kort hinunter zu seinem verwaisten Haus gehen wollte, meinten seine Eltern, er solle besser bei ihnen wohnen. Das sei sicherer. Auf die Frage, warum sie das glaubten, sagten sie nur, dass es in seinem Haus nicht geheuer sei. Seit dem Tod der kleinen Valeria gingen dort Geistwesen um. Der Priester riet, ein Jahr zuzuwarten und dann erst die Reinigung des Hauses vorzunehmen. Bis dahin solle das Haus unbedingt gemieden werden.

Kort lebte nun bei seinen Eltern und half bei den Feldarbeiten am Fuß des Hügels. Art war überaus entgegenkommend und unterstützte die Familie wo er konnte. Eines der Maultiere schenkte er seinem Schwiegersohn, dem leidgeprüften, wodurch die Feldarbeiten viel leichter von der Hand gingen.

Spuk?

In Kort's großem, leeren Haus schien es tatsächlich nicht geheuer. An Neumondnächten, aber auch sonst, war ein schauerliches Wimmern zu hören, das sich manchmal anhörte wie das eines Kindes, dann wieder wie das herzzerreißende Klagen einer Frauenstimme. Die Bewohner der Peterbühl-Gemeinschaft mieden das Haus und suchten sich einen anderen Anstieg zur Hügelkuppe, da der alte Weg unmittelbar daran vorbeiführte.

Einer aus der Gemeinschaft, der zu später Abenddämmerung vom Kalkbrenner zurückkam, stürzte, als er atemlos die Kuppe erreicht hatte, zur römischen Wache und behauptete, er habe einen Schatten mit den Umrissen eines Menschen vor der Hütte herumirren sehen, der ihn mit glühenden Augen anstarrte und bedrohlich näher kam. Es schien ihm dabei so, als schwebte er über dem Boden. Er war außer sich und schwitzte am ganzen Körper, während die beiden Legionäre nur höhnisch lachten. Sie kannten den Hang der Räter, immer und überall Geister zu wittern. Nein, daran glaubten sie wirklich nicht, die abgebrühten Krieger. Trotzdem häuften sich derartige Vorfälle und waren ein ständiges Gesprächsthema in der Gemeinschaft.

Schließlich wollte der Präfekt der Sache endgültig auf den Grund gehen. Es war ihm auch deshalb ein Anliegen, weil er ein Auge auf das Anwesen geworfen hatte. Er redete mit Kort und fragte ihn, ob er einverstanden wäre, dass er, der Präfekt, das Haus zu seinem Wohnsitz mache. Sein tapferer Cortanus wolle es ja eh nicht mehr bewohnen. Die Einwände seiner Legionäre, das Haus liege zu weit unten und sei außerhalb der Verteidigungslinie des Hügels, beantwortete er so, dass die Männer am

Turm des Verwaltungsgebäudes das Haus ja mit im Auge behalten konnten. „Und überhaupt, wo sollen da Feinde herkommen? Das Gebiet ist ja vollkommen unter römischer Kontrolle! Vergessen?!"

Kort war mit einer Übergabe des Anwesens an den Präfekten einverstanden, war jedoch verwundert, dass Art, sein Schwiegervater, so heftig dagegen war. „Nein, lass alles, wie es ist", beschwor Art seinen Schwiegersohn. „Ich bitte dich! Das schon dem Andenken meiner Tochter, deiner Frau zuliebe!" Auch die Schwiegermutter, zu der Kort jedoch kein besonders gutes Verhältnis unterhielt und die sich noch nie um eine Beziehung zu ihm gekümmert hatte, zeigte sich unerwartet hartnäckig. „Lass das sein", flehte sie. „Lass nicht die Römer da hinein!"

Kort sagte zum Präfekten, dass es Widerstand in seiner Familie gäbe, dass sich das schlussendlich aber alles regeln lassen würde. Auch sei das Jahr noch nicht um und die im Haus rumorenden Geister würden ein Bewohnen sowieso unmöglich machen.

Der Präfekt war auf Kort's Anwesen richtiggehend Versessen, War es doch das vornehmste und größte in der ganzen Siedlung. Ein Schmuckstück, wie es auf dieser wunderschönen Terrasse lag und in den Hang hinein gebaut war. Und dieser Ausblick auf den Schal-Ern, den rätischen Götterberg! Es war eine Schande, es leer stehen zu lassen. An Geister glaubte er, der mit allen Wassern gewaschene Soldat, nicht, auch wenn dieses nächtliche Weinen und Heulen schon merkwürdig war. Letzthin habe man immer öfter eine dumpfe weibliche Stimme vernommen, die so etwas wie: „Wo, wo ist sie denn? Sagt mir, wo ist sie denn!", stöhnte, dass einem der Schauer über den Rücken lief. Das heißt natürlich, den abergläubischen Rätern. Aber auch dem einen und anderen

Legionär war dieser Spuk nicht geheuer. Deshalb befahl der Präfekt schließlich, ohne dass Art und Kort darüber informiert wurden, dieses mysteriöse Haus einer Untersuchung zu unterziehen. Warum sollte man die Gefühle der Räter auch schonen! Es würde sich alles aufklären lassen!

Zwei Legionäre bekamen den Auftrag, sich am folgenden Abend vor dem Haus des Kort auf die Lauer zu legen. Es war Neumond, die Wahrscheinlichkeit, dass sich der Spuk zeigte, war groß. Nichts geschah. Die Nacht schritt voran. Es wurde später. Ein unangenehm kalter Wind strich von Norden her über den Hügel. Die fernen kleinen Lichter am Gewölbe der Götter funkelten, Fledermäuse huschten über die östliche Flanke des Hügels, an dem die beiden Legionäre Wache hielten.
Tatsächlich! Als die Nacht zur Hälfte verstrichen war und oben auf dem Turm die Wachablöse erfolgte, war im Inneren des verhexten Hauses plötzlich ein Schleifen und Schlurfen zu vernehmen wie von schleppenden Schritten. Dann ein grässliches Heulen. Die beiden hartgesottenen Kriegern bekamen eine Gänsehaut. Nein, mit rechten Dingen ging das nicht zu! Dann hörten sie eine weibliche Stimme, die „Wo ist sie?", heulte, einmal lauter, dann wieder leiser. Dann ein langgezogenes Weinen und Stöhnen. „Wo ist sie?" Schließlich fassten sich die Männer ein Herz, da sie wussten, dass der Präfekt ein Versagen nicht akzeptieren würde. Römische Legionäre kneifen vor einem rätischen Geist! Lächerlich! Einer der beiden entzündete eine Fackel. Sie stießen die Holztür auf, die knarrend nachgab und drangen ins Dunkel vor.

Des Rätsels Lösung

Die beiden Legionäre lieferten dem Präfekten noch in derselben Nacht ihren Bericht ab, der mit einem Schlag Licht in dieses Mysterium brachte. Was die beiden in diesem verwunschenen Haus vorfanden war eine völlig verwahrloste weibliche Gestalt mit wirrem offenem Haar, die kreischend vor den eindringenden Männern ins hinterste Eck floh. Wie es sich herausstellte, handelte es sich um die verschollen geglaubte Iri. Es war offensichtlich, dass die Frau den Verstand verloren hatte und in der Nacht jammernd und weinend nach ihrer toten Tochter suchte.

Dem Präfekten gelang es schließlich, den Hintergrund aufklären:

Art, Iri's Vater, hat verhindern wollen, dass seine Tochter, die in einem Anflug von Wahnsinn die kleine Valeria erdrosselt hatte, auf den Opferaltar in der Rungg-Gemeinschaft kam. So wurde Iri im Haus versteckt und heimlich mit dem Lebensnotwendigen versorgt. Iri schien nicht begreifen zu können, was mit ihrer Tochter geschehen war und irrte des Nachts umher, um nach ihr zu suchen.

Es war schlussendlich Art's Einfluss im Rat zu verdanken, dass Iri am Leben gelassen wurde und nicht auf dem Opferaltar landete.

Kort hingegen konnte ihr die Tat nicht verzeihen. Zu seiner Schwiegermutter, die seine Frau mit ihren magischen Praktiken in den Wahnsinn getrieben hatte, brach er jeden Kontakt ab. Er überließ dem Präfekten sein Haus und blieb weiterhin bei seinen Eltern wohnen.

Art, dem Schwiegervater, verzieh er und sagte, er hätte an seiner Stelle wohl ebenso gehandelt.

Iri bestand in lichten Momenten darauf, in der Nähe ihrer Tochter bleiben zu dürfen. Kort baute ihr mit Erlaubnis des Priesters eine Hütte am Gräberfeld, wo sie noch zwei Jahresläufe lebte.

Eines Tages wurde sie mit ausgebreiteten Armen tot auf dem Urnengrab ihrer Tochter liegend vorgefunden.

Kort meldete sich freiwillig zum nächsten Kriegszug, verließ die Peterbühl-Gemeinschaft und kam nicht wieder zurück.

Vormauer U

Frescura, der Archäologe, der die Ausgrabungen auf dem Peterbühl durchführte, bezeichnete diesen Hausgrundriss als „antemurale U".

Es handelt sich um eine Grundfläche von etwa 25 x 15 Metern, auf der wahrscheinlich ein Gebäude aus der Römerzeit stand. Die Mauern waren mit Kalkmörtel bester Qualität zusammengefügt und verfugt, der Boden mit Porphyrplatten ausgelegt.

Gefunden wurden hier zahlreiche kleine Knochenstückchen und einige Unterkiefer von Rindern. Außerdem kamen ein eiserner Schlüssel ans Tageslicht sowie einige Tonscherben, alle aus römischer Zeit um Christi Geburt.

Terrasse der Vormauer U

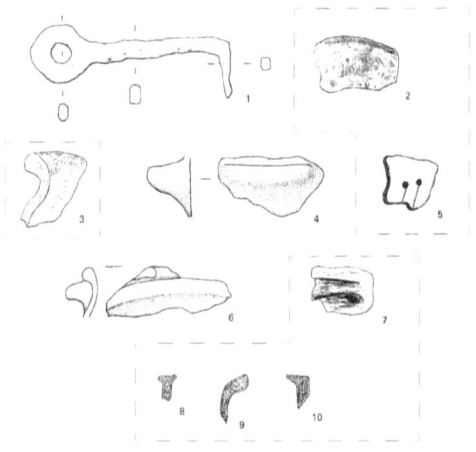

Funde im Bereich der „Vormauer U". Oben ein eiserner Schlüssel

600 n. Chr.

Die Äußere Mauer

Odo und Kor, Vater und Sohn, sperrten die kleine Schafherde in den Pferch, den sie am Abhang des Hügels abstecken haben dürfen, seit die Ernte eingebracht war. Der Rat der Älteren, der die Grundherren vertrat, hatte es mit der Auflage erlaubt, dass Odos Sippe beim Aussäen im kommenden Frühjahr mithalf.

Nun war die Zeit gekommen, in der an der Mauer gebaut wurde, die man später „die äußere" nennen wird. Auf dem Hügel gab es nicht genügend lose Steine, die man dazu hätte verwenden können, auch wenn das Material der aufgelösten „inneren Mauer" dafür hergenommen wurde. Die „innere Mauer" wurde abgetragen, weil sie nur den inneren Kern der Siedlung schützte. Die Gemeinschaft war aber mit der Zeit angewachsen, neue Häuser waren hinzugekommen. Es war notwendig geworden, eine neue, weiter außen liegende Umfassungsmauer zu errichten, um die Gemeinschaft vor den häufigen Überfällen dieser Zeit zu schützen. Die gesamte Peterbühlgemeinschaft, Alte wie Junge, machten sich in der Senke zwischen ihrer Ansiedlung und dem anderen Hügel, neben dem die Begräbnisstätte der Ahnen lag, daran, das benötigte Baumaterial zu beschaffen hinauf zur Baustelle zu bringen.

Kor und seine Schwester Ern nahmen den Korb, den Mutter Asa aus Weiden geflochten hat, und stiegen über den abschüssigen Weg hinunter in die Senke. Trotz der vorgeschrittenen Jahreszeit gingen sie barfuß, um auf dem steilen Gelände Halt zu finden, den ihnen ihre Strohschuhe nicht geboten hätten. Vor allem das Hinaufsteigen mit dem voll beladenen Korb wäre nicht möglich gewesen. Unten am Fuß des Hügels trafen sie auf ihre Verwandten und auf die Mitglieder der anderen Sippen, die etwas schneller gewesen waren und die beiden Nachzügler hänselten. Werkzeug war rar, und so wühlten sie die Steine mit Hilfe von Holzkeilen und hölzernen Brechstangen aus dem Boden, der, den Göttern sei Dank, schlammig war und nur wenig Widerstand bot.

Ern blinzelte in die milchige Sonne und sah die Wächter, die oben am Rand der Kuppe und auf dem alten Römerturm ihre Runden drehten und die Umgebung im Auge behielten. Obwohl, in dieser späten Jahreszeit war es kaum einmal zu Überfällen gekommen. Die kriegerischen Stämme fielen so gut wie immer im Frühjahr ein, wenn die Tage länger und die Nächte kürzer wurden. Drei Mal hatte Ern mit ihren zehn Jahresläufen Eindringlinge kommen sehen. Sie setzte sich hin, um etwas zu verschnaufen verlor sich in ihren Erinnerungen:

Sie waren von der Schlucht des Flusses Isark heraufgekommen, zwei Dutzend waren es das erste, mehr als drei Dutzend das zweite Mal gewesen. Bei den Ruinen der Häuser der Vorfahren hatten sie Feuer entzündet, nachdem sie am Versuch, das Tor aufzubrechen, gescheitert waren. In der belagerten Siedlung herrschte Angst. Die Frauen und Kinder wurden eilig in das alte römische Verwaltungsgebäude gebracht, dessen Mauern noch größtenteils unversehrt waren. Die Römer hatten bestimmt am eigenen Leib die Erfahrung von Belagerungen gemacht und ihr Verwaltungssitz war entsprechend massiv. Die Port, das Tor, war beim letzten Überfall zerstört worden. So schützte sich die Gemeinschaft durch Baumstämme, die Nacht für Nacht von innen verkeilt wurden und ein Eindringen außerordentlich erschwerten. Natürlich verließen sich die in Sicherheit Gebrachten darauf, dass die Mauer standhielt. Sie war eineinhalb Mannslängen hoch und klafterbreit und umgab den inneren Bereich des Hügels mit einem kraftstrotzenden Viereck.

Ern erinnerte sich mit Schaudern an das Gebrüll aus vielen rauen Männerkehlen. Die Nutztiere konnten zum Großteil hinter die Mauern in Sicherheit gebracht werden. Doch hatten die Eindringlinge am Fuß des Hügels ein verirrtes Schaf gefunden, das sich durch sein angsterfülltes Blöken selber ans Messer geliefert hat. Einer der bärtigen Männer hat ihm kurzerhand die Kehle durchgeschnitten. Und nun loderten die Flammen und stoben die Funken, während die Belagerer auf den Braten warteten.

Es war Nacht geworden. Die Eindringlinge unternahmen keinen weiteren Versuch, die Mauer zu brechen. Sie sprachen mit fremder Zunge, fremde, kehlige Laute, die Ern nicht verstand. Die Männer mussten von weit herkommen. Vorne am Tor waren die Waffen gelagert, die im Falle eines Durchbruchs die Verteidigung der Peterbühlgemeinschaft garantieren sollten. Pfeile und Bögen auf der linken Seite, drei Äxte, sechs Haumesser, die eigentlich für die Weinlese verwendet wurden, und zwei Schwerter auf der rechten. Hölzerne Spieße, teilweise mit eisernen Spitzen, vervollständigen das Arsenal. Die Peterbühlgemeinschaft verfügte über einige Männer, die im kriegerischen Handwerk geübt waren und auch jetzt Mut und Zuversicht ausstrahlten. Es waren Ferd, Isso, Gat, Renno, Ter und Ato, die beim Sichern des Transports von Eisengries und Salz über die gefährliche Schlucht herauf auf das Mittelgebirge die größte Kampferfahrung hatten. Sie stießen dabei immer wieder auf räuberische Horden, die ihnen das kostbare Erz und das nicht minder wertvolle Salz rauben wollten. Das Eisen für Werkzeuge und Waffen kam von weiter her aus dem Süden. Diese wackeren Männer standen den Ochsenkarren, die es anlieferten, sichernd zur Seite.

Es war den ganzen Abend über ruhig gewesen, wie sich Ern erinnerte. Unzählige der glänzenden Lichter funkelten an der schwarzen Kuppel über ihnen, von denen manche Menschen glaubten, dass sie die Heimat der Götter war. Da gab es dieses eine große Licht, das die Fähigkeit besaß, größer und kleiner zu werden, das leuchtende Auge der Göttin. Und einige der Lichter fielen in gewissen Nächten in glühenden Streifen bis auf den Boden herab.

Die Kinder wickelten sich in die flauschigen Mäntel, die Großmutter Ari zusammen mit Mutter aus der Wolle ihrer Schafe gewebt hatte. Kor tat so, als habe er keine Angst und erzählte allen, die in der Hütte versammelt waren und sich auf dem Schlaflager befanden, was er mit den Eindringlingen anstellen würde, wenn sie ihnen nahekamen. „Die Köpfe spieße ich auf die Pfähle", sagte er großspurig. „Damit die anderen sehen, wie es ihnen ergeht, wenn sie frech werden!"

Ern wusste, dass es tatsächlich so war, dass die Männer die Köpfe der getöteten Feinde auf die Stangen spießten, die in bestimmten Abständen an der Mauer angebracht waren. Das hatte sie alles erlebt, und an den langen Abenden erzählte Großmutter Ari Geschichten von wilden Tieren und grausamen Schlachten, bei denen sie, die Peterbühlgemeinschaft, zum Schluss immer siegreich geblieben war.

„Wach auf, Ern", sagte Kor, „du hast dich wieder einmal im Land der Träume herumgetrieben, während ich Steine zusammengesucht habe. Komm, hilf mir jetzt wenigstens beim Tragen."

Ern, die sich, wie sie glaubte, nur kurz zum Verschnaufen auf einen Stein gesetzt hatte, rieb sich das Gesicht und schüttelte ihre Gedanken ab. Ihr Bruder musste lachen, weil sie sich Lehm auf Wangen und Stirn geschmiert hatte. Ihre schwarzen Augen funkelten dahinter hervor wie aus einer dämonischen Maske. Gemeinsam schleppten die beiden Geschwister den Haufen Steine den Hügel hinauf und mussten dieses Mal nur zweimal stehen bleiben um zu verschnaufen, einmal beim Teich, das zweite Mal oben beim Palast der Vorfahren, in dem im Dunkeln Geister ihr Unwesen trieben. Vater Odo war einmal des Nachts vom Kalkbrenner zur Hügelgemeinschaft zurückgekommen. Das Auge der Göttin hatte ihre Ruhezeit und würde erst in zwei Tagen wieder mit ihrem Leuchtzyklus beginnen. Es war stockfinster gewesen. Wegen des Nebels waren nur wenige Sternenlichter zu sehen. Odo ging vorsichtig, um nicht auszurutschen, am Teich vorbei den Weg in Richtung des Tores. Als er auf der Höhe des Palastes der Vorfahren war, hörte er plötzlich ein Knurren, einmal aus der einen, dann aus der anderen Ecke des mächtigen Gebäudes. Grün leuchtende Punkte irrlichterten hinter den leeren Fensteröffnungen, Putz rieselte von den Wänden, da und dort knackte ein Ast. Dann polterte ein Stein, der sich irgendwo gelöst hatte, hinunter in den Sumpf, wo er schmatzend versank. Odo stand wie erstarrt und konnte sich nicht bewegen. Als er den langgezogenen Schrei eines gequälten Kindes hörte, begann er in heller Panik nach oben zu stürmen und kam erst am Tor wieder einigermaßen zu Atem. „Odo?" hörte er eine vertraute Stimme. Es war sein Schwager, der am Tor Wache hielt. Odo ließ sich hinter der Mauer am Wachfeuer auf die Steinbank fallen. Langsam beruhigte er sich und berichtete seinem Schwager von seinem grausigen Erlebnis nur wenige Dutzend Meter unterhalb der östlichen Mauer. Rok meinte nur: „Ich weiß. Dort unten ist es nicht geheuer", während Odo die Frage aufwarf, ob denn nicht etwa dieser neue Gott, von dem sie auf dem Erzweg gehört hatten, womöglich etwas dagegen ausrichten konnte.

Solche Geschichten gingen den Kindern beim Steine-schleppen durch den Kopf und sie schlugen einen scheu-en Bogen um das düstere Gebäude. Oben angekommen fragten sie die Männer, die an der Mauer arbeiteten, wo sie die Steine abladen sollten. Dann konnten sie sich aus-ruhen, nachdem ihre Strichliste, die sie mit Kalkstein auf den braunen Porphyr geritzt hatten, fünf Markierungen aufwies. Die Kinder erhielten für ihre Arbeit ein Stück Fladenbrot und einen Becher Wasser. Sie hörten beim Kauen den Männern zu, wie sie sich über ihre Arbeit an der Mauer unterhielten.

„Ich denke, wir sollten den Palast der Vorfahren in unsere Verteidigungsanlage mit einbeziehen. Seine Mauern er-sparen uns ein schönes Stück Arbeit. Was meint ihr?" „Wir haben ja schon mit dem Rat der Älteren darüber gespro-chen", meinte der andere und wischte sich den Schweiß von der Stirn. „Sie meinen, dass wir dann angreifbar wer-den, wenn wir unsere Mauer so weit unten verlaufen las-sen." „Ich würde sagen, da ist etwas dran", sagte ein Dritter und setzte sich auf den Stein, den er gerade in die Mau-er einfügen wollte. „Schaut einmal hinunter. Diese Seite ist unser schwacher Punkt. So gut wie jedes Mal sind die Angreifer von dort unten gekommen. Erinnert ihr euch nicht?" „Stimmt schon", sagte einer, „die nördlichen Flan-ken lassen sich leichter verteidigen. Da ist der Anstieg steiler." Nach einer Rücksprache mit den Mitgliedern der Gemeinschaft wurde beschlossen, den Palast der Vorfah-ren außen vor zu lassen. „Aber nicht wegen deiner Spuk-geschichte", lachte einer der Männer und zwinkerte Odo zu. „Du hast wohl Angst, dass wir uns die Geister mit in unsere Festung holen." Odo verzog das Gesicht. „Ja ja. Ihr wisst selber ganz genau, dass es da unten nicht ganz ge-heuer ist. Das könnt ihr ruhig zugeben!" Nach diesem Ge-plänkel machten die Männer mit der Arbeit weiter.

Für Kor war es ein ganz besonderer Tag: Er durfte mit einigen aus der Siedlung mit zum Kalkbrenner gehen. Die Männer hatten mit Lehm ausgestrichene Körbe auf den Ochsenkarren geladen, in denen sie den gebrannten Kalk zurück zur Peterbühlgemeinschaft schaffen würden. Es war ein Auf und Ab. Ein beschwerlicher Weg durch Unterholz und lichten Wald, der dem Ochsengespann einiges abverlangte. Immer wieder mussten die Männer, und Kor bildete mit seinen zwölf Jahresläufen keine Ausnahme, mit anpacken und den Karren aus misslichen Lagen schieben und ziehen. Wie das wohl beim Rückweg sein würde, mit voller Ladung!

Die Tage waren lang, und so konnte man damit rechnen, dass sie rechtzeitig vor Anbruch der Dunkelheit zurück sein würden. Irgendwann roch der Ochse Wasser. Er blieb stehen und brüllte. Da hörte Kor es auch. Es war ein wildes Rauschen, das er bislang so noch nicht gehört hatte, außer vielleicht bei einem der starken Regenfälle im Herbst. Und dann lag der scharfe Geruch verbrannten Holzes in der Luft. Ein wütendes Bellen näherte sich. Es waren die Hunde des Kalkbrenners, die sich ohne viel Federlesens auf den Ochsen stürzen wollten. Der begann laut zu brüllen und zu schnauben, dass die Hunde verdutzt innehielten. „Kennt ihr uns nicht mehr, ihr Gauner?", rief einer der Männer und kam langsam näher. „Da, wir sind die Peterbühler". Tatsächlich schienen die Tiere sich zu erinnern und strichen unschlüssig herum, bis der Kalkbrenner erschien und sie zurück zur Hütte schickte. „Kommt, Männer, ich habe schon lange keinen lebenden Menschen mehr gesehen", sagte der alte Kalkbrenner, der tatsächlich allein in dieser Wildnis lebte. „Setzen wir uns vor die Hütte. Auffüllen können wir später." Der Alte reichte jedem der Männer ein Stück geräucherten Wildfleischs und stellte einen Tonkrug mit

Wasser vor sie hin. Auch der Ochse bekam sein Futter ab. „Was ist mit dir?", fragte der Kalkbrenner und haute Kor kräftig auf die Schulter. „Bist wohl das erste Mal ausgeflogen." Er schien sich zu freuen, als Kor, so müde er auch war, unbedingt wissen wollte, wie Kalk hergestellt wird. Während die Männer auf dem Boden ein Viereck zeichneten, es rasterten und darauf mit Steinchen ein Spiel spielten, zeigte der Kalkbrenner dem Jungen den Holzmeiler, den er gerade in einer Grube aufschichtete. Kor erfuhr, dass abwechselnd Kalksteine und Holzkohle eingefüllt werden. Dann wird der Kegel mit Erde abgedeckt, wobei am oberen Ende für den Rauchabzug eine Öffnung freigelassen wird. Dann wird das Ganze von unten angezündet.

„Das ist nicht so leicht, wie es aussieht!", sagte der Kalkbrenner nicht ohne Stolz. „Die Kunst besteht darin, das Feuer möglichst lange am Brennen zu halten." „Wie lange denn?", fragte Kor neugierig. „Vier Tag- und Nachtläufe, mindestens", sagte der. „Dann kommen die glühend heißen Steine in diese Wasserwanne da", er zeigte eine mit Lehm und Kalk ausgestrichene und mit Wasser aus dem nahen Bach aufgefüllte Grube, „dann wird aus den Steinen ein weicher weißer Brei. Kalk. So ist das."

Der Junge ging an den Rand einer der Gruben, die gelöschten Kalk enthielten und aus der die Peterbühl-Gemeinschaft bedient werden würde. „Obacht!", rief der Kalkbrenner heftig, sodass einer der Hunde, Ungemach witternd, laut zu kläffen anfing. „Obacht, dass du nicht da drüben in den ungelöschten Kalk hineinrutschst! Dann wäre es mit dir geschehen! Einmal ist mir ein Dachs hineingefallen. So ein entsetzliches Heulen habe ich in meinem ganzen Kalkbrennerleben nicht gehört. Ich wusste nicht, was da los war. Es konnte ja auch eine verirrte arme Seele sein." Der alte Meister betrachtete die blütenweiße Kalkgrube, die absolut harmlos aussah. „Erst beim Schöpfen am nächsten Tag habe ich das Tier gefunden, oder bessere das, was davon übriggeblieben war. Ein paar Haarbüschel und ein schlabberiges Tierskelett. Furchtbar.“

Kor schauderte. Ja, er wusste von den Männern am Hügel davon. Kinder durften sich sowieso am Kalk nicht zu schaffen machen, auch wenn gelöschter Kalk nicht mehr gefährlich werden konnte. Das Verbot hatte dort einen anderen Grund: Die Kinder taten nichts lieber, als mit frischem Kalk Zeichnungen auf die Steine zu malen. Wobei es sich doch um einen wertvollen Rohstoff handelte. Bald waren der Kalkbrenner und die Männer handelseins: In einer der Pennen, der flachen Weidekörbe, hatten sie zwei Schafwolldecken mit dabei und einen versiegelten Krug mit Wein. Dafür bekamen sie drei Pennen mit gelöschtem Kalk, der sich auf dem Karren gerade noch unterbringen ließ und dessen Gewicht dem Ochsen aufgehalst werden konnte.

„Kannst nach der Mannbarkeitsprüfung bei mir anfangen, Junge, wenn deine Verwandten es erlauben“, sagte der Kalkbrenner, der Kor's Interesse für die Herstellung von Kalk in diese Richtung gedeutet hatte. Er wusste nicht, dass Kor sich für alles interessierte, was ihm über den Weg lief. „Ich werde es mir überlegen“, sagte der höflich und verabschiedete sich von den beiden Hunden, die mittlerweile ihre Abneigung verloren hatten und der Fuhre schwanzwedelnd nachschauten, bis sie im Wald verschwunden war.

Mit Schieben, Ziehen und längeren Pausen schaffte es die Gruppe bis zum Abend an den Fuß des Hügels und stellte den Karren in der Nähe des Tümpels ab. Kinder kamen von oben heruntergelaufen, die Wache stieß zur

Begrüßung laute Rufe aus. Der Ochse war mit seinen Ochsenkräften am Ende, sodass ihm jemand einen Eimer Wasser vors Maul stellte, weil er es nicht mehr hinüber zum Tümpel schaffte. Einer der Buben brachte einen Armvoll Heu, während einige der Mädchen mit Wasserkrügen und geselchten Fleischbrocken kamen und die erschöpften Männer bedienten.

Ara, die schöne Schwarzhaarige, näherte sich schüchtern. Kor tat so, als gehöre er zu den Männern und habe für halbwüchsige Mädchen nichts übrig. Als Ada ihm den Becher reichte, gab es da einen Augenkontakt, der länger andauerte, als es schicklich war. „Danke", sagte er nur. Er wusste, die Zeit war noch nicht da. Die Gemeinschaft wachte eisern über Beziehungen und regelte die Kontakte zwischen den Geschlechtern.

Tags darauf wurden die Pennen mit dem kostbaren Kalk nach oben an die entstehende Mauer geschafft, wo die mit dem Mauerwerk befassten Männer ungeduldig auf den Werkstoff warteten, der die Steine zu einer uneinnehmbaren Mauer verbinden würde.

Die äußere Umfassungsmauer hat einen unregelmäßigen Verlauf und ist insgesamt 370 Meter lang. Die Mauerstärke beträgt durchschnittlich 137 cm. Sie stammt aus dem frühen Mittelalter und ist etwa 1500 Jahre alt.

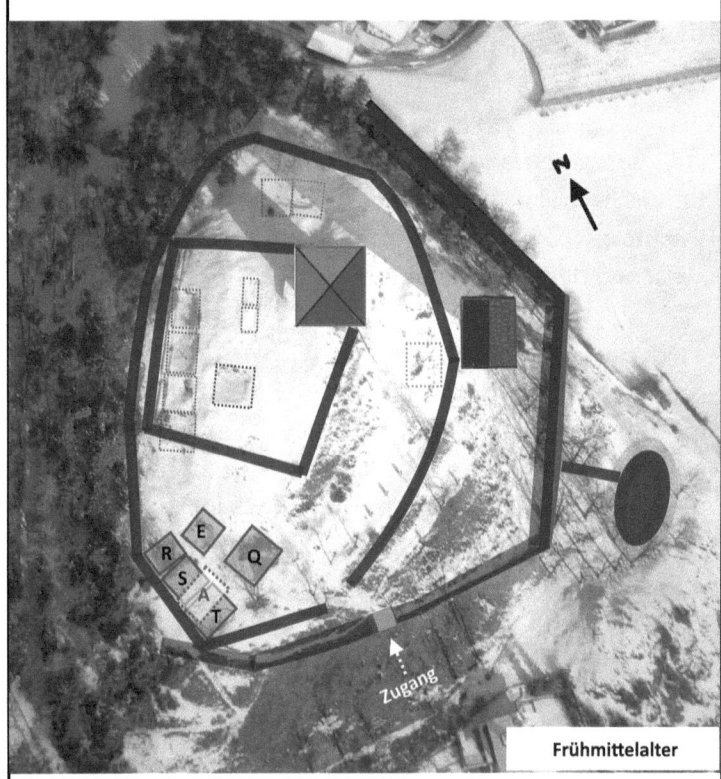

Zugang

Frühmittelalter

230

Zum Hintergrund

Götterwelt

Über die Göttervorstellungen der Räter ist nur wenig bekannt. Die zentrale Gottheit scheint eine Göttin namens Reitia (Rätia) gewesen zu sein, Göttin der Geburt, Heilerin und Schutzgöttin der Schrift. Heiligtümer dieser Gottheit wurden in den Provinzen Padua, Vicenza und Belluno freigelegt. Wie diese Göttin zur Hauptgottheit der Räter werden konnte, wo ihr Haupheiligtum doch bei den Venetern, einem Nachbarstamm, entdeckt wurde, ist ungeklärt. Es ist aber auch möglich, dass die Räter aus anderen Gründen zu ihrem Namen gekommen sind.

In den hier vorliegenden Texten kamen im Wesentlichen folgende Gottheiten zur Anwendung: Eine Mondgöttin, die „Göttin mit dem leuchtenden Auge" und ein Sonnengott: der „Gott mit dem strahlenden Gesicht". Daneben kommt ein Totengott, ein Gott der Schattenwelt, vor.

Das Firmament, die Heimat der Gottheiten, wird hier als „Bogen der Götter" bezeichnet.

Auf der Peterbühl-Gemeinschaft werden die beiden Hauptgottheiten in der „Hütte der Ahnen" verehrt. Dort steht die Säule mit den beiden Gesichtern, dem Gesicht der Mondgöttin und dem Gesicht des Sonnengottes. Zur Zeit der Frühlings- und Herbstsonnenwende (21. März, 23. September) wird in Form einer „Übergabezeremonie" das Bild der abtretenden Gottheit, am 21. März ist es die die Dunkelheit beherrschende Mondgöttin, in Richtung der Sonnengottheit gedreht, die am 23. September die Herrschaft wieder zurück an die Göttin, die das Dunkel beherrscht, gedreht wird.

Die Vorstellung der Räter (und vieler anderer Völker) war, dass Götter mit Hilfe von Opfern „bei Laune gehalten" werden müssen. Das betraf Lebensmittelopfer, aber auch Tier- und in besonders belasteten Zeiten sogar Menschenopfer. Auch „Sachspenden" wie unbrauchbar gemachte Geräte, zerschlagenes Geschirr und so weiter wurden geopfert.

Opferhandlungen in großem Stil wurden in der benachbarten Rungg-Gemeinschaft nachgewiesen. Dort wurden nachweislich auch Menschenopfer dargebracht. Die Peterbühl-Gemeinschaft könnte sich durchaus daran beteiligt haben, da die dortige Opferstätte den lokalen Bedarf mit Sicherheit sprengt.

Brandopferstätten wurden auch auf dem Burgstall (Schlern), auf Plörg am Abhang der Roterdspitze in 2530 m Höhe und auf dem Tschafon nachgewiesen. Häufig befinden sich Opferplätze in der Nähe von Quellen.

Die Begräbnisstätte der Gemeinschaft befand sich wahrscheinlich in Untervöls zwischen dem Gasthaus Weißes Kreuz und der Villa Martha. Im Zweiten Weltkrieg hat dort eine Bombe schwarzes Erdreich und Tonscherben freigelegt.

Mit Sicherheit war Magie fester Bestandteil des gesellschaft-lichen Lebens. Mehrere Flusssteine in Ei-Form und Steine mit Symbolritzungen weisen darauf hin. Die Bedeutung von 44 Tonscheibchen ("Tokens") ist ungeklärt und wird von einigen Archäologen in einen magischen Zusammenhang gestellt.

Gesellschaft

Die Gemeinschaft bestand wohl aus einigen Dutzend Mitgliedern, deren Anzahl bestimmt kaum über 50 hinausging. Geführt wird die Gemeinschaft in der vorliegenden Darstellung von einem „Rat der Älteren", der sich aus den Ältesten der verschiedenen Familien zusammensetzte. Männliche Jugendliche hatten bei Eintritt in die Pubertät ein Ritual zu bestehen, das sie, wenn sie es bewältigten, in die Reihe der wehrfähigen Männer aufnahm.

Der Rolle der Frauen wurde hier in Ermangelung von einschlägigem Quellmaterial nicht näher nachgegangen. Es ist aber davon auszugehen, dass Frauen in der Gemeinschaft eine tragende Bedeutung zukam. Darauf weist schon die Tatsache hin, dass die Hauptgottheit weiblich war. Eine römische Quelle berichtet, dass sich rätische Frauen an Kampfhandlungen beteiligten.

Zeitrechnung

Die Zeit wurde vor allem auf Grundlage von Mondumläufen, aber auch von Sonnenläufen vorgenommen, hier als „Mondzyklen" und „Sonnenläufe" bezeichnet. Die auf den Tag bezogenen Zeitangaben richten sich nach dem Stand der Sonne. Die sieben Schwestern (Plejaden, Sternbild M45) sind von Oktober bis April im Osten des Firmaments mit bloßem Auge zu erkennen. Im frühen Oktober kann man die Plejaden ca. zwei Stunden nach Sonnenuntergang sehen. Im Februar steht der Sternenhaufen bei Sonnenuntergang hoch im Himmel. Sie werden in vielen alten Kulturen zur Bestimmung der Zeit u.a. für die der Aussaat herangezogen.

Namen

Die hier verwendeten Namen sind erdacht. Gewählt wurden kurze Namen mit vorwiegend dunklen Vokalen und harten Konsonanten.

Gebäude

„Rätische Häuser" und demnach auch die Häuser auf dem Peterbühl bestanden aus einem Keller, einem gemauerten Unterbau und einer darauf aufgesetzten Holzkonstruktion mit spitzem Giebel. Das Dach war mit Ried, Schilf oder Schindeln gedeckt. Die Wände bestanden aus horizontalen Balken, die auf das Mauerwerk aufgelegt waren. Zumeist war der Innenraum durch Stehpfeiler geteilt. Oft gab es ein Obergeschoß. In der Mitte der Wohneinheiten befand sich eine Feuerstelle. Der Rauch zog durch das Gebälk ab. Der Zugang zu rätischen Häusern verlief zumeist über einen gewinkelten Gang, der auch gedeckt sein konnte. Auf diese Weise sollten böse Geister ferngehalten oder Eindringlingen der Zugang erschwert werden. Eiserne Türgriffe und eine Schiebevorrichtung für die Eingangstür sind weitere Elemente dieses Haustyps.

Die Tatsache, dass für das Zusammenfügen der Steine Kalk verwendet wurde weist darauf hin, dass die Technik des Kalkbrennens bekannt war.

Wirtschaft, Ernährung

Die drei aufgefundenen Drehhandmühlen (Haus R, Haus Q, Fragment am östlichen Abhang) belegen, dass die Peterbühl-Gemeinschaft vorwiegend von der Landwirtschaft lebte. Auch wenn keine entsprechenden Funde gemacht werden konnten, wird davon ausgegangen, dass es sich hierbei um Getreide wie Emmer, Gerste und Einkorn und um Hülsenfrüchte gehandelt haben wird. Einige Unterkiefer von Rindern (Mauerstruktur U) weisen auf entsprechende Ernährung hin und könnten auf die Haltung von Nutztieren hinweisen. Das würde das Nahrungsangebot mit Milchprodukten erweitern. Schafe wurden schon deshalb gehalten, um den Bedarf an Wolle für die Kleidung abzudecken.

Die landwirtschaftliche Nutzung des Peterbühl im Verlauf von zweieinhalb Jahrtausenden hat leider zur Folge, dass so gut wie keine archäologisch relevanten organischen Spuren erhalten geblieben sind.

Haumesser, die üblicherweise im Weinbau eingesetzt wurden, lassen annehmen, dass auch die Peterbühl-Gemeinschaft Weinbau betrieben hat. Man muss dabei allerdings bedenken, dass die gerodeten Flächen bestimmt klein waren. Als Ackerfläche kommen die südlichen Terrassen in Frage.

Berufe waren noch wenig ausdifferenziert. Mit Sicherheit kam Schmieden aber eine besondere Bedeutung zu.
Es kann vermutet werden, dass es in der Peterbühl-Gemeinschaft einen Kupferschmied, womöglich auch einen "Eisenschmied" gegeben hat.

Womöglich bestand ein wirtschaftlicher Austausch mit den umliegenden Gemeinschaften Rungg, Porz und Schnagg. Diese Gemeinschaften werden wohl auch die Almwirtschaft gemeinsam geregelt haben.

Wasserversorgung:
Auf dem Bühel selber ist keine Zisterne nachgewiesen, wenn man die beiden unter dem Plateau gefundenen „Steinkisten" mit Abdeckung außen vor lässt, nachdem deren Bedeutung absolut ungeklärt ist. Es könnte sich aber durchaus um Zisternen gehandelt haben. Gegen 700 v. Chr. wurde ein Drainagekanal (Kanal zur Wasserableitung) unter dem östlichen Abhang in leichter Neigung nach Süden gezogen, wo das Abflusswasser einen kleinen Teich speiste. Wahrscheinlich wurde der Wasserbedarf aus dieser „Quelle" bezogen.

Wehrfähigkeit

Die Gemeinschaft verfügte über keine geringe Anzahl an Waffen in Form von Lanzenspitzen (9) und waffenfähigen Messern (7), wobei es sicher ist, dass eine größere Anzahl an Eisengeräten, darunter bestimmt auch Waffen, im Zuge der Ausgrabungen entwendet worden sind. Verschiedentlich wird angenommen, dass die Peterbühl-Gemeinschaft ihre Lage auf einem Hügel über dem Eisacktal benützt haben könnte, den Warenverkehr im Eisacktal und den über den Ritten zu überwachen. Von dort könnte Kupfererz angeliefert worden sein.

Kleidung

Der Werkstoff zur Herstellung von Kleidern war Schafwolle. Die wenigen Darstellungen von Rätern zeigen diese mit Wollgewand und Mantel. Die Männer trugen flache Hüte, die Frauen eine Kopfbedeckung in der Form, indem das Überkleid über die Haare gezogen wurde, um diese zu bedecken. Dass gewebt wurde, das beweist eine Spule aus Ton im Haus R und ein weiteres Fragment, das am östlichen Abhang gefunden wurde.

Die Stoffbahnen wurden durch Fibeln zusammengehalten. Unabhängig von den berühmten Halbmondfibeln wurden auf dem Peterbühl 15 „Gebrauchsfibeln" (Sicherheitsnadeln) gefunden.

Schuhe:

Da es in Bezug auf die Peterbühl-Gemeinschaft keinerlei bildliche Darstellungen gibt – auch schriftliche fehlen zur Gänze – kann hierzu nichts Sicheres ausgesagt werden. Die meisten Darstellungen auf rätischen Bildquellen zeigen bloße, unbeschuhte Füße. Die Darstellung einer kleinen in Lagole (Calalzo, Cadore) gefundenen rätischen Bronzestatuette zeigt einen Krieger mit erstaunlich akkurat gefertigtem Schuhwerk, dem sogar die Schnürsenkel nicht fehlen. Auch der berühmte Reiter von Sanzeno scheint Schuhe zu tragen.

Sprache, Schrift

Rätische Inschriften sind äußerst rar und kommen fast nur in kultischem Zusammenhang vor. Identifizieren lassen sich lediglich einige Eigennamen und Weiheformeln. Der Zugang zur rätischen Welt ist somit äußerst eingeschränkt. Als Schrift verwendeten die Räter in unserer Heimat wohl das Bozner Alphabet (Alphabet von Sanzeno) mit Schriftzeichen, die an das Etruskische erinnern. Geschrieben wurde, zumeist ohne Wortabstände, was eine Entzifferung noch weiter verkompliziert, von rechts nach links.

Abschied vom Peterbühl

Die Geschichten dieses Bändchens zeigen erdachte Menschen und Schicksale. Sie sind aber dennoch nicht „frei erfunden" in dem Sinn, dass hier etwa Unwahrheiten abgedruckt wären. Der Autor hat sich intensiv mit der Geschichte des Peterbühl auseinander gesetzt, hat Archäologen zu Rate gezogen und sich mit Fachliteratur beschäftigt. Insofern handelt es sich hier um geschichtliche Fakten, denen mit vorgestellten Situationen und erdachten Personen Leben eingehaucht wird. Zumindest habe ich das versucht.

Falls du dich mit den Ausgrabungen auf dem Peterbühl eingehender beschäftigen möchtest, verweise ich auf die Literatur auf der nächsten Seite und auf die Website des Peterbühl:

https://der-peterbuhel.webnode.page/

Und vergiss nicht auf das Archäologische Museum in der Michaelskapelle. Der Kustos zeigt Interessierten die dort ausgestellten Schätze aus der Völser Vergangenheit.

 Wenn du - wieder einmal - auf den Peterbühl gehst, lass doch den Vorfahren, die dort vor vielen Jahrhunderten gelebt haben, ein paar wohlwollende Gedanken zukommen. Ihr Leben war hart, sie haben es aber gemeistert! Insofern können sie uns Vorbild sein.

Elmar Perkmann

Der Peterbühel
in Völs am Schlern

eine archäologische Begegnung

Eines der herausragenden Fundobjekte
auf dem Peterbühel:

eine Halbmondfibel
mit menschlichem Antlitz.
6.–5. Jh. v. Chr.

Der Peterbühel in Völs am Schlern

€ 11,99.-

Elmar Perkmann

Urgeschichte
auf dem Peterbühl

Arbeitsbuch

Für junge Völser
Forscherinnen und Forscher

€ 14,50.-

*Kustos Reinhold Janek vor dem Eingang zum
Archäologiemuseum in der Michaelskapelle*

Bildquellen

S. 4:   Peterbühel bei Völs. E.P.

S. 42:   Scheibchen. Archäologisches Museum, Völs

S. 51:   Burgstall. DorfbuchVöls S. 108

S. 52:   Häusermodelle. E.P. Völs

S. 72:   59-147_LORENZO DAL RI (2)16-01

S. 86:   Archäologisches Museum, Völs

S. 87:   Archäologisches Museum, Völs

S. 95:   Dal Ri, Lorenzo: Höhensiedlungen, S. 136*

S. 118:   Dal Ri, Lorenzo: Höhensiedlungen, S. 126

S. 137:   Dal Ri, Lorenzo: Höhensiedlungen, S. 137

S. 148:   Dorfbuch S. 110, Grafik: Elmar Perkmann

S.180:   https://map.gallorosso.it/
          castellieri-wallburgen-a-siusi-allo-sciliar

S.186:   Ferdinandeum,Innsbruck.
          8636_Pfatten_©TLM_20140911_cl - Pfatten.jpg

S.187:   Arge Alp: Die Räter, S. 163

S.218:   oben: E. Perkmann, Winter 2021

S.218:   unten: Dal Ri, Lorenzo: Höhensiedlungen, S. 117

S.230:   Völser Dorfbuch S. 110; Grafik, Elmar Perkmann

Cover 1: Dal Ri, Lorenzo: Höhensiedlungen, S. 61

Cover 2: Dal Ri, Lorenzo: Höhensiedlungen, S. 126

*Lorenzo Dal Ri et alt.: Höhensiedlungen der Bronze- und EisenzeitForschbungen zur Denkmalpflege in Südtirol Band VI. Temi Editrice, Trento 2010